AF138868

Felix Dahn

Friggas ja

Felix Dahn

Friggas ja

ISBN/EAN: 9783744641951

Hergestellt in Europa, USA, Kanada, Australien, Japan

Cover: Foto ©ninafisch / pixelio.de

Weitere Bücher finden Sie auf **www.hansebooks.com**

Frigga's In.

Frigga's Ja.

Erzählung

von

Felix Dahn.

Zweite Auflage.

Leipzig

Druck und Verlag von Breitkopf und Härtel

Erstes Buch.

I.

In Norwegen war's, an einsamem Fjord. —
Hoch im Gewölk hatte den ganzen
langen Sommertag ein gewaltig Un=
wetter getobt: Blitz auf Blitz war hernieder=
gefahren auf die Häupter der Steinriefen,
der Felsberge; Meer und Fjord hatten, von
widerstreitenden Stürmen aufgewühlt, sich
weiß schäumend über ihre Ufer zu ergießen
getrachtet; ja, die Erde hatte gebebt und aus
ihren Schlünden war Feuer hervorgebrochen,
die Siedelungen der Menschen bedrohend.

Aber gegen Abend hin ging der wilde
Kampf in der Luft, auf dem Meer und Land

Worten sein spottet: er will zuschlagen, greift aber den Hammer nicht mehr.

Und die lockige lockende Freia in ihrem rothen Haar — das sich lockt und Andre locken will — ruht nicht mit heim= lich heißen Blicken, mit Alles verheißendem Lächeln des üppigen Mundes, bis sie richtig zu süßem Begehren berückt hat Alles, was Mann ist; — ausgenommen mich!

Und Bragi, der biedere Sänger! — Der singt — wieder einmal! — auf der unab= lässig gequälten Harfe mein Lob! Will es singen! Was weiß Bragi von Odhin? Wer begreift Odhin! Nicht einmal Odhin! — Nur sie etwa . . . .! ja, sie gewiß!

Odhin könnte nur Odhin loben. Und der ist dafür zu klug. Er kennt sich gerade gut genug, um sich nicht zu loben, sondern scharf zu tadeln. — Aber freilich" — er lächelte und strich mit der Linken über den wirren, leicht ergrauten Bart — „nur wann es kein Ohr hören kann, tadl' ich ihn.

Doch mich ekelt des Lobes der Andern!
Mein Bestes ahnen sie so wenig wie
mein Schlimmstes. Und mein Schlimmstes
— was ist das?

Das Alles zersetzende Grübeln, das sich
die eigne Wildheit, die maßlose, schrankenlose
Lebensgier, als gutes Recht der überbrau-
senden Kraft vortäuscht.

Aber ist's meine Schuld?

Wenn der Bergstrom schäumend, allver=
derbend, aus seinem Rinnsal bricht, — ist's
seine Schuld oder des Felsens, der ihm den
nothwendigen Weg eigensinnig sperrt? Sie
— sie allein ist schuldig an Odhins wildem
Sehnen! Und an dieses Sehnens Thaten.

Oh Frigga! Gestrenge, grausame Braut,
wie bist du schön."

Er erglühte bei dem Gedanken, leiser
Schauer rieselte ihm durch die Adern.

„Jetzt, — in diesem Augenblick — schaut
sie streng, hart, zürnend auf den leeren Hoch=
sitz des Bräutigams mit jenen hellen wunder=

baren Augen, die da leuchten, als sei der Morgenstern zweimal aufgegangen! Die feinen Nüstern ihrer feinen Nase zucken leicht, die hoch geschwungenen Brauen zieht sie — den Andern unmerklich — zusammen und — ich sehe sie vor mir! — in den herrlichen, weißen, den edelgebildeten Nacken wirft sie mit unwilliger Bewegung die Wellen, die kurz gebrochenen, des lichtgoldigen Haares. „Wo wandert er wieder umher," — so denkt sie hinter der unleidlich ruhigen stolzen Stirn — „mein unstäter Verlobter? Warum weilt er nicht an meiner Seite? Bin ich ihm, ist ihm all' Asgardh nicht genug?" — Und sie drückt die schmalen, die zierlichen, die scharf geschnittenen Lippen zusammen; und sie schweigt und sinnt, die Undurchschaubare, während um sie her Alles lacht und schwatzt.

Wunderbares Frauenherz! Sie liebt mich nicht! — Sie kann gar nicht lieben, glaub' ich! — Und doch, mein' ich, ist sie nicht ganz ohne Eifersucht.

Birgt das leise, leise Hoffnung?
Eiferſucht — blindeſte Blinde und ſehendſte
Seherin! —
Sie hat Recht, eiferſüchtig zu ſein!
Nicht auf ein einzeln Weib. Aber auf dies
mein unausgefülltes Sehnen.
Und weshalb iſt es unausgefüllt?
Sie nur, nur Frigga kann mich aus-
füllen und ſie — ſie will es nicht!
Sollen mich vielleicht dieſe Siegesfeſte
ausfüllen? Immer eines wie das andere?
Langweilig ſind ſie! In Asgardh müßig
thronend ſitzen? Ja, ſpäter vielleicht, wann
ich mir endlich die Spröde gewonnen, mag's
mir genügen da oben. Aber noch nicht!
Mit dieſer feurig rinnenden Gluth in den
Adern? Noch lange nicht!
Was ich bei den Nornen erkundet —
es wird ja, muß ja geſchehen: — aber erſt
dereinſt!
Sie zeigten mir im Spiegel eines Quells
einen Odhin mit nur Einem Auge, einen

alten, faſt greiſenhaften Mann. Und ſie raun=
ten allerlei Dunkles — ich wollte gar noch
nicht Alles verſtehen! — von künftig drohen=
dem Unheil. Mag ſein! Mag kommen! Noch
aber ſchau ich, gierig nach Schönem, mit
zwei Augen feurig in die Welt, noch lüſtet
mich gar nicht, Eines zu verpfänden für trau=
rige Weisheit! Noch koſt mir die warme,
weiche, die buhleriſche Luſt des Sommer=
abends um braunes Gelock. Noch ſind die
grauen Haare im Barte zu zählen: und noch
n i ch t zu zählen die wilden Heißwünſche des
tobenden Blutes.

Im Alter, Odhin, magſt du dann weiſe
werden und tugendlich.

Oder auch morgen ſchon, ja h e u te noch: —
aber nur in Frigga's weißen Armen.

Oh nie, nie will ich — nicht Eine
Nacht! — von ihrem Lager ſchweifen, theil'
ich es erſt. Jetzt aber — beim Göttermahle
neben ihr ſitzen — all' dieſe berauſchende
Schöne ſchauen, die m i r ge h ört — nach

der Götter Beschluß! — und nicht an eine
Welle ihres Blondhaars rühren dürfen? —
Das trag ein Andrer, Odhin trägt es nicht! —
Und heute gar! —

Wenn jemals einen Sieg der Asen ich
allein erfocht, entschied — so war es heute.

Sie hatten diesmal gekämpft, wie fast
noch nie, bärenhaft tapfer, die wackern Dumm=
köpfe, die ehrenwerthen Riesen. Und in un=
sinnig großer Ueberzahl hatten sie sich ge=
schart: denn bei ihnen muß stets die Menge
— das Dicke! — den Geist ersetzen —
Steinriesen, soweit meine wolkenüberfliegen=
den Raben blicken konnten, Sturmriesen,
und hinter dem Midhgardh=Wurm — hei,
bedrängte das glatt=flinke Scheusal den schwer=
athmenden Thor! — aller Wasserriesen rau=
schendes, wogendes Heer. Und aus dem Ur=
grund der Erde, der alten Riesen=Mutter
Schoße, die zuckenden Feuerschlangen!

Vergebens wollten Thr und Frehr und
der wuthbrüllende Thor die Uebermacht

sprengen in offnem Ansturm. Ich sah's voraus, bald waren sie erdrückt: bald war die Schlacht verloren.

Da winkte ich sie mir zur Seite, die meine Lieblinge sind in Asgardh's leuchtendem Heerbann: meiner Schildjungfrauen hochbusige Schar!"

Freude und Stolz flogen über die ernsten Züge des Wanderers und verschönten sie; rascher sprach er und das graue Auge blitzte:

„Alles wagen sie, die herrlichen Mädchen, für ein Wort des Lobes aus meinem Munde, für ein freundlich Streichen über ihr fliegend Gelock!

Zur Seite winkt' ich mir die speerkühnen Walküren und vom Schlachtfeld jagten wir ab, zur Seite hin, wie in zagender Flucht. Mordgierig setzten sie mir, lustgierig meinen schönen Jungfrauen nach, viele hundert der grimmen Tölpel. Doch, so wie er sich also getheilt hatte, der ungeheure Schlachthaufe — hui! fuhren wir, wie Wirbelwind,

um uns selber uns kreiselnd und wendend,
in die klaffende Lücke und faßten im Rücken
die Bedränger Thors und mit dem Schreckens=
schrei: „Odhin, Odhin über euch!" sprengten
wir sie jauchzend auseinander.

Wohl wehrten sie sich grimmig, sie, mit
denen ich am liebsten kämpfe, der raschen
Feuer=Riesen lodernde Schar.

Und Brandr, ihr König, hat schöne Kraft
im Arm und schöne Wuth in der Seele.
Hatte!" lachte er vor sich hin. „Nicht gar
sänftlich that es, als er mir mit aller Macht
den glühenden Hekla=Fels auf den linken
Arm warf — gerad' oberhalb des Schild=
rands! Da, hier — es brennt noch immer ein
wenig," er rieb langsam die Stelle mit der
Rechten und lachte in seltsamer Wolluft über
seinen bittern Schmerz. „Aber wie nun auch
ich in Kampfzorn gerieth, — denn die Wunde
verdroß mich! — und ihn von dem flam=
men=mähnigen Gaule herabstach — den
Speer im Bauche hinein und im Nacken

heraus — und wie sie da entsetzt, prasselnd, auseinanderstoben, seine tapfersten Gefolgen: — hei, Odhin, alter Freund, das war schön. Da mocht' ich dich — fast — ein klein wenig leiden! — Und Dank dir, Brun=hild! Die Feurigste warst du mir wieder. Dafür sollst du morgen aus Odhins Becher trinken.

Aber heute nicht Bragi's Lob! Nicht jetzt, da der Stolz auf den klug ersonnenen, hart erstrittenen Sieg mir die strotzenden Adern schwellt, die mächtig athmende Brust weitet, da ich einmal wieder — nicht oft wahrlich wird mir's! — bade in der Freude an dem eignen Selbst.

Ah, welch lechzende Gier nach Glück, nach Schönheit, nach Berauschung in Schönheit lodert in mir!

Oh Frigga — heute — jetzt! in deine Arme!

Aber träte ich nun vor sie, was allein böte sie mir? Ihre Stirne zum Kuß!

Sie muß es ja wissen, wie die Versagung
mich entflammt. Seit dem erften, dem Braut=
kuß auf ihren süßen, herrlichen Mund — ah,
noch fühl' ich ihn wonneschauernd nach im
tiefften Mark! — hat fie geschworen, erft an
dem Tage, den fie, fie wählt, mir ihre
Lippen wieder zu gewähren. Und erft, wann
fie ihn beftimmt, tagt mir auch der Tag der
Vermählung. Und immer noch, immer noch
zögert fie ihn hinaus! Ift's eifige Kälte?
— Sie kann nicht lieben! — Ift's berech=
nende Klugheit? — Dann, kühle, ftrenge,
kluge Göttin, bift du vor lauter Klugheit
thörig! Es währt zu lauge, schöne Frigga,
zu lange für diefen Bräutigam. Damit
feffelft du ihn nicht da oben in Asgardh!

Nein! Wandern, wandern, immer Neues
schauen, umherftreifen unter Riefen und Elben
und Menfchen, Starke überwinden, Schlaue
überliften, Schöne gewinnen! —

Wie die Kraft, wie der Drang nach Wonne
die Bruft mir weitet, die Arme mir schwellt.

Oh Frigga, Frigga, was säumst du! Wie? Soll ich jetzt — mit diesen lohenden Flammen in Seele und Leib — in Fensal, deinem kühlen Hause, neben dir sitzen, neben deinem goldnen Stuhl, von deinen sieben strengen Spindel=Jungfrauen unabläffig über= wacht, während du, ohne je das Auge auf mich leuchten zu laffen, unabläffig unter den langen Wimpern hervor auf die ein= fältige Spindel schaust, die du auf dem Estrich tanzen läßt? All deine Schöne soll ich nur schauen, wie jeder Mann darf — nur mit den Augen, den durstigen, ein= schlürfen deinen berückenden Reiz und immer heißer, immer wilder entbrennen? Nein! Die Qual ertrag' ich nicht! Lieber dich gar nicht mehr schauen, bis endlich einmal das steinerne Herz dir erweicht!

Und einstweilen vergehen die blauen Tage, vergehen die sehnsuchtathmenden Nächte! Schon verblühten die Veilchen auch dieses Jahres! Bald verblühen auch die Liebeslust duftenden Linden: — ach und noch immer nicht mein! — —

Dich schauen und dich entbehren? — Nein! -

Deshalb gab ich gleich nach dem Siege den Schildmädchen mein leuchtend Gewaffen, es mit hinauf zu nehmen nach Walhall. Und in Mantel und Hut, wie von jeher mir lieb, zog ich allein aus, Gefahr oder Freude zu suchen.

Schwerlich finde ich — heute noch — Gefahr oder Freude.

Kluge Elben und zierliche Elbinnen, die sonst gern ich besuche, halten sich furchtsam verkrochen bei dem Getöse der Schlacht.

Und Menschen?

Leer liegt und öde das Land, wo Götter kämpfen und Riesen, an den letzten Mar= kungen menschlicher Siedelung.

Aber schau — dort — jenseit des breiten Stromes: da steigt unter alten Eschen ein feines Wölflein weißlichen Rauches auf.

Ein Jäger, der den erlegten Berghirsch brät?

Ein Fischer, der den gesperrten Strom=
lachs siedet?

Oder etwa doch ein weltverloren Gehöft,
in dem auf dem Herde die karge Abendkost
bereitet wird?

Wer immer der Wirth sei — einen Gast
soll noch heut' er begrüßen."

In wenigen Schritten hatte er das Ostufer
des fast meerbusenbreiten Stromes erreicht:
er fand nicht Furth, nicht Fähre: da spreitete
er mit beiden Armen nach rechts und nach
links den dunkeln Mantel aus, zwei mächtigen
Adlerflügeln vergleichbar, und leise raunte er
in den im Abendwind wehenden Bart:

„Hügel nicht hemmet,
Felsen nicht fest hält,
Berg nicht bannet,
Noch wallendes Wasser,
Nicht wogende Welle,
Noch mächtige Meerfluth
Nicht fließender Fluß
Des wegfährtigen Wanderers Willen:
Meinen Mantel und mich!"

Da stand er drüben auf dem Westufer! —
Und nun rauschte er durch das Schilf,
durch das Ufergebüsch dahin, — eine kleine
Höhe hinan. Die war mit stachligem Busch=
gestrüpp bestanden: jedoch scheu, wie ehrer=
bietig, bog sich von selbst jeder Dorn zur
Seite, den flatternden Mantel nicht zu zer=
reißen.

Auf der Krone der Uferhalde angelangt,
sah er unter ein paar Eschen versteckt eine
niedrige Hütte: aus deren Moosdach war
das weiße Rauchwölklein von dem Herd=
feuer aufgestiegen.

II.

Ein armes Hüttlein war's, gar schlicht: aber sorglich und säuberlich gepflegt, nirgend verwahrlost; die Bank von weißem Ahornholz, welche zu beiden Seiten der Hausthür auf der Stirnseite des Baues sich hinzog, war tadellos blank gescheuert; in dem schmalen Wiesenfleck vor der Fensterluke standen ein par blühende Waldblumen eingepflanzt: schöner rothbrauner Agelei und zierlich nickende Blauglocken.

So leis' auch nur der Tritt des Wanderers auf den weißen, reinlich mit Kies bestreuten Haus=Weg, der auf die Thüre zuführte, gedrückt hatte, — er war doch vernommen worden da drinnen.

Mit einem leichten Sprung erschien auf

der Schwelle der halb geöffneten Holzthür eine schlanke, fast kindliche Gestalt.

Ein sehr junges Mädchen war es, in weißem Wollhemd, das ein Ledergürtel über den fast allzuschmalen Hüften zusammenhielt; die kleinen Füße waren nackt; ein fahles Rehfell — so schien es — bedeckte das Woll= hemd bis an den Gürtel. Aber man sah nicht viel von aller Gewandung. Denn eine ganze Fluth von gelöstem Haar bedeckte in frei fluthenden tiefbraunen Langwellen wie den Rücken und die Schultern, so die junge Brust.

Die zierliche Gestalt gemahnte an das Rehlein, dessen Fell sie trug: auch das scheue und doch neugierige Aeugen, mit welchem das zarte, zage. Ding nach dem nahenden Geräusch ausspähte: sie beugte erwartungs= voll den Oberkörper vor, mit der offnen Fläche der linken Hand an den Thürpfosten gelehnt, das schmale braune Köpflein, aus= lugend, vorgestreckt.

Wie von Zauber gebannt blieb er stehen, der vielgewanderte Wandrer, und starrte mit weit geöffneten Augen auf das Bild, das sich ihm bot.

Das Mädchen aber zog die in streng regelmäßigem Halbkreis gewölbten dunkelbraunen Brauen ein wenig zusammen: Enttäuschung, Verdruß schien die etwas niedrige Stirne zu umwölken und ein hoffendes Lächeln, das um die vollen Lippen gespielt hatte, verflog, als sie nun mit kindlich heller Stimme begann:

„Von wannen auch du wallest
Und welcherlei Wege: —
Willkommen, Wandrer, der Wirthin!
Sei ein guter Gast,
Wie ich Gutes dir gönne:
Heilig ist mir dein Haupt, —
Heilig sei dir mein Herd:
Unsern Schirmer und Schützer scheue:
Denn all dies Erbe ist Odhin zu eigen.“

Sie hob nun, einen Schritt vortretend, die offne Fläche der rechten Hand, wie war-

nenb, wie abwehrenb, gegen ben Ankömmling.
Unb, wie beschwichtenb, erwiberte biefer nach=
brudschwer:

„Ich gelobe, nur zu thun, was Obhin
gefällt."

Unb er schritt jetzt näher heran, ben
Blick nicht lösenb von ber zarten Gestalt.
„Sie schauen — welche Luft! — Welch
weicher, sanfter Reiz! — Schon bas ist
Glück." —

Sie wich über ihre Schwelle in bas
Haus — rückwärts tretenb: sie konnte nicht
ben Blick von bem gewaltigen Antlitz trennen:
— unverwanbt schaute sie auf ihn.

Er folgte, rasch anbringenb. „Du bift
allein?" forschte er.

„Er ist beim Opfer."

„Wer? Dein Vater?"

„Aswin."

„Wer ist Aswin?"

„Ei, mein Mann."

Da stieß ber Gast ben Speerschaft auf

die Schwelle: — das Haus erdröhnte, zitterte und bebte in seinen Grundvesten.

„Du — bist — Eheweib?"

Die junge Frau war heftig erschrocken: wortlos wies sie mit ausgestrecktem Zeigefinger in die Ecke neben dem Herde.

Da lag auf hoch gehäuften Fellen von allerlei Jagdthieren ein Säugling.

Das Kind war erwacht von dem schütternden Aufstoßen des Speeres: es ward unruhig: die Mutter nahm es auf: gleich lächelte es.

Der Gast furchte die mächtige Stirn: er zuckte die Achseln: „Du siehst nicht aus wie ein Eheweib! — Weshalb — ich sah sogleich auf deinen Ehe=Finger — weshalb gehst du unberingt?"

Die junge Frau löste aus den auf und zu greifenden Fingerlein des Kindes einen höchst einfachen Erzring.

„Wir sind arme Leute. Es ist ihr einzig

Spielzeug. Setze dich auf die Herdbank, guter Gast."

Der wollte willfahren: da fiel sein Blick auf die Runen, welche auf die breite und hohe Eichenlehne der rauch=gebräunten, den Herd umziehenden Bank eingeritzt waren: rasch trat er einen Schritt zurück.

„Nun?" staunte die Frau, „verscheucht dich der fromme Spruch? Er ist so schön:

„Unseres Ehehauses
Frieden befreundet Frigg:
Unsichtbar sitzet sie hier."

„Dumpf ist es hier, an dem Herde," grollte der Wanderer. „Komm wieder hinaus mit mir — in's Freie — in den wohligen Wind — dort weiß ich mich wohler und freier." —

III.

Verdüstert schritt er hinaus; draußen warf er
sich auf die Ahornbank rechts von der Thüre.

Die junge Frau folgte, das Kind auf
dem Arme; sie ließ sich nieder auf den beiden
Holzstufen, welche von dem Hauswege her
zu der Thüre hinan führten; sie sah ruhig
vor sich hin, das Kind schaukelnd und leise
dazu singend, ganz leise. —

„Also Aswin heißt er .... dein ...
Mann?"

„Aswin. Weißt du, das bedeutet: „der
Asen Freund." Von Geschlecht zu Geschlecht
haben seine Ahnen fromm den Göttern ge-
dient. Und mein Mann ehrt vor allen
Göttern Odhin."

„Ja," sprach der Gast und strich langsam einmal über den wirren Bart, „ich erinnere mich."

„Du? — — Wie das? — Ja, Odhin! — Ich wünschte mir schon lange, den — von allen Göttern nur den — einmal von Angesicht zu sehen."

„Wünsch' es dir nicht! — Nicht jedem und nicht jeder ward es und wird es zum Heile."

„Aswin versäumt kein Opfer für den Hohen. Erst gestern wieder ging er zum Opferstein, unser einzig Fohlen dem Gotte darzubringen."

„Wann kommt er zurück?"

„Morgen früh; er will die ganze Nacht durch gehen."

„Welches Weges?"

„Dort" — sie deutete mit zwei Fingern der rechten Hand gen Mittag — „dort her — über das Steil=Joch."

Unmerklich, leise, zuckte der Wanderer den Speerschaft vom Boden auf.

„Er opfert um Sieg. Denn nach wenigen Nächten zieht er mit aus im Heerbann unsres frommen Königs wider den bösen Jarl, der die Götter verachtet."

„Der Bauer kämpft für mich," sprach der Gast und nachdenksamer Ernst legte sich ihm über die bewegten Mienen.

„Ich bat ihn, auch für sein Leben zu opfern, nicht nur um des Königs Sieg. Er sagte: „Nein! Das Fohlen ist nicht gar viel werth. Für zwei Bitten kann ich es dem Wunsch= gott nicht anrechnen; so opfre ich nur um Sieg."

Der Hörende strich geruhig mit der linken Hand über die stolzen dunkeln Brauen; aber dann verscheuchte er mit haftiger Bewegung des Hauptes die widerstreitenden Gedanken, wandte sich voll der Wirthin zu, beugte sich auf die junge Gestalt herab und musterte sie mit kundigen Blicken.

Sie merkte es nicht: denn sie war mit dem Kinde beschäftigt und, — so schien es — mit ihrer Gewandung.

Er hatte einstweilen das kleine, schmale Köpflein, die unschuldigen, im Ausdruck so kindlichen Züge, die zartknochigen Schultern betrachtet; sein Auge traf jetzt zufällig den jugendlichen Busen, der, vom dichten Haargewog und von dem Rehfell verhüllt, kaum zu errathen war.

Da sprach die junge Mutter: „Dich dürstet, Kleine? Nun so trink!" Und ohne irgend welche Scheu, ohne Besinnen, warf sie die langen, dunkelbraunen Wellen des Haares von der Brust nach rückwärts über die linke Schulter, nestelte die Haken und Oesen des Rehfelles auf, öffnete den Schlitz des darunter liegenden weißen Wollhemdes, daß die linke Brust voll sichtbar ward, und legte das Kind daran, das sofort eifrig sog.

Da wendete blitzschnell der Gast das Auge, das Haupt ganz ab von ihr. — Er erröthete, wie, auf schuldhafter That betroffen, ein Knabe.

Er sprang auf von der Bank und ging mit hastigen Schritten, der Thüre den Rücken zukehrend, auf und nieder; keinen Blick warf er auf die junge Mutter.

„Ist's nun genug?“ koste diese — nach geraumer Weile — das Kind. „So segne dir's die Allnährerin, die große Mutter Odhins.“

„Ja, Mutter,“ flüsterte der Wanderer, „segn' es reichlich dem Kinde.“

Da lächelte das sehr behaglich, und griff mit den weichen Fingerlein vergnügt in das herabgebeugte Gesicht der Mutter.

Der Gast bemerkte, daß sie das Gewand wieder zugehakt hatte.

„Wie heißest du?“ fragte er nun, das Auge auf sie richtend.

„Bidhja.“

„Die Bitte! — Ein holder Frauen= name! — Und das Kind?“

„Es hat noch keinen Namen. Wir wähl=

ten so lang! — Wir stritten — aber nur
im Scherze, lieber Gast! — so viel darum:
es war unser erster Streit!" und sie lächelte
still vor sich hin.

„Vielleicht geb' ich dem Kind dereinst
den Namen." —

Er blieb hart vor ihr stehn. „Und nach
meinem Namen frägst du nicht?"

Sie hob verwehrend den Zeigefinger der
Rechten. „Er hat's verboten."

„Wer? — Dein Mann?"

„Nein doch: — Odhin. Er, selbst oft
ein Wandrer, ist der Wegfährtigen Schirm=
herr. Wirthlichkeit gebeut er den Menschen,
die ihn ehren. Wirthlichkeit verwehrt auch,
den Gast nach Namen und Sippe zu fragen.
Es ward mir schwer — recht schwer —!"
Sie sah ihn, empor blickend, verwundert,
scheu, aber doch mit ganz unverhohlener
Neugier. an, die großen, runden, dunkeln
Augen schwammen in einem Weiß, das zart
bläulich angehaucht war. — „Arg schwer!

Denn, ... seit ich zuerst dich ersah, konnt'
ich nicht aufhören, über dich zu staunen.
Sieh, wir leben hier ganz einsam. Der
nächste Hof, der meiner Eltern, liegt sieben
Rasten weit gen Niedergang, der zweit=
nächste, meines Schwähers, zwölf Rasten weit
gen Mitternacht. Ich war noch nie auf einem
Opferfest, wo viele Leute zu sehen sein sollen.
Ich habe, so alt ich bin — nun volle sieb=
zehn Winter! — keine Menschen gesehen, als
die Eltern, die Schwester, den Schwäher,
Aswin, — den Guten! — zwei sturmver=
schlagene Fischer und einen felsverstiegenen
Jäger. So mußt du mir nicht zürnen, wenn
ich über dich staune. — Sehr! — Aber dich
fragen? Nie."

„Unrast heiß' ich."

„Oh welch trauriger Name! — Wer dir
Rast geben könnte!"

„Du könntest es .." das war — wider
seinen Willen — ungestüm aus ihm hervor=
gebrochen.

„Jch?" lächelte sie. „Wie könnte ich ...!
Doch ja! Du ruhst und rastest auch hier
nicht, unstäter Gast! Bald setzt du dich, bald
springst du auf und schreitest hastig umher.
Weißt du, was dir fehlt? Eine Arbeit fehlt
dir! Nun warte! Da!" Sie reichte ihm den
Säugling hin.

Unwillkürlich gehorchend nahm er willig
das Kind auf die beiden mächtigen Arme.

„Halte die Kleine einstweilen, bis ich das
Feuer auf dem Herd frisch entfacht habe:
warme Abendspeise soll dich erfreuen: köst=
licher Hirsebrei! — Die Kleine weint nur,
wann sie in der Ecke liegen soll: — auf deinem
Arm wird sie — du wirst es sehn! — ganz
freundlich mit dir sein. Leg sie nur — bei=
leibe! — nicht nieder, bis ich sie dir wieder
abnehme."

Schon war sie im Hause verschwunden.

IV.

Da stand er nun, der gewaltige Gott, der Gott des Geistes und aller stolzen Gedanken: recht hilflos stand er da.

Der lange Speer lehnte ihm an der Schulter; das Kindlein beschäftigte vollauf seine beiden Hände und Arme, seine Augen und seine Gedanken. Höchst ungeschickt hielt er's: er fürchtete stets, dem kleinen, so weich anzufühlenden Geschöpf wehe zu thun: hielt er es herzhaft, es zu zerdrücken, hielt er es locker, es fallen zu lassen.

Er hätte viel lieber einen schnappenden jungen Drachen getragen!

Und während er mit seinen Gedanken

der jungen Mutter folgen wollte, mußte er nun ihr ungebärdig Kind behüten!

Er konnte gar nicht jenen Gedanken nachhängen: — er mußte stets Acht haben, daß ihm das dünne Bündel nicht entschlüpfe, entgleite, entrutsche.

Nach einer kleinen Weile siegte jedoch in ihm über den Unmuth der Sinn für das unwiderstehlich Erheiternde an seiner Lage. Denn dem Gotte des Geistes gebrach es nicht an dem Sinn für den das Lächeln erzwingen= den Reiz des Selbst=Widerspruchs in den Din= gen und in dem Gebahren der Lebenden: und bereitwilliger noch und mit innigerem Genusse lachte der Ueberlegne — der auch sich selbst Ueberlegene! — der eignen als Anderer Ver= kehrtheit.

Ein gutmüthig Lächeln spielte daher nun um den bärtigen Mund: „Oh Frigg, strenge Braut! Sähest du jetzt deinen Verlobten! Wie er sich einübt . — für deine Bedie=

nung. Ei, winzig Wichtlein, so halt' doch
still! Was willst du denn eigentlich?"

Er fand es endlich aus: das mit den
Aermchen zappelnde, mit den Beinchen sto=
ßende und strampfende Kind wollte nicht
wagrecht liegen, aufrecht wollte es sitzen. So
wie er es auf seinem Arm emporgerichtet,
lächelte es ihn freundlich an aus den sanften,
großen, schwimmenden, dunkeln Augen der
Mutter, griff mit beiden Händchen in den
wirren Bart und, die winzigen rosigen Finger=
lein nach der Möglichkeit zuerst auseinander=
spreizend und dann einbiegend, zauste es ihn
recht herzhaft.

„Du! Das lass', kleine Brut! — Bin's
nicht gewöhnt! — Das thut weh! Mehr weh
als die Arm=Wunde."

Er hielt die Kleine nun, vorsichtig, fern
ab von seinem Gesicht.

Minder erfreut sah sie umher.

Da entdeckte sie am vierten Finger seiner
rechten Hand einen glänzenden Goldring.

Eifrig griff sie danach mit allen zehn Fingern und suchte den abzustreifen. Da das nicht gelang, ward sie ungeduldig: sie verzog das Gesicht zum Weinen.

„Ei! Auch noch schreien?" rief der un= freiwillige Pfleger.

Er fürchtete sich: alsdann mußte es ja noch viel unbehaglicher werden!

So beeilte er sich, der Laune des Pfleg= lings zu willfahren; er streifte selbst den Ring ab und legte ihn der Kleinen in das Händ= chen: „aber nur zum Spiele geliehen, du Zappelding, nicht geschenkt; sonst verlör er auf immer die Kraft," flüsterte er.

Das Kind lachte, nickte lebhaft auf das glänzende Spielzeug herab und sah dazwischen= durch den Geber an mit erfreuten, danken= den Aeugelein.

„Der Liebesring!" sprach der, ganz betrof= fen. „Drück' ich daran und wünsche — so ist sie....! Und das Kind — ihr Kind — spielt da= mit! — Da! Da liegt der Zauber am Boden!"

Vorsichtig, behutsam bückte er sich. —
Denn höchst unbequem und ungefüg ward
ihm nun die Stellung: — das wieder unruhig
strampfende Kind auf dem linken Arm, den
langen Speer zwischen dem langen Mantel und
den beiden Beinen! — So hockte er denn in
steif geradliniger Bewegung nieder, den glatten
Reif wieder aufzuheben, der auf der fest ge=
stampften Lehmschicht vor der Thüre' muth=
willig, wie ein belebtes Wesen, elfisch, kreiselnd,
umherrollte und sich nicht wieder greifen lassen
wollte.

Endlich — er war roth im Gesicht ge=
worden — hatte er den tückischen Ring
erhascht!

Es war eine sehr harmlos aussehende,
schlichte Zier, dies schicksalreiche Geschmeide:
eine schmale goldne Schlange stellte es dar,
dreifach geringelt: der Kopf des Schlängeleins,
wachsam nach Außen gereckt, blinzelte aus
zwei klugen Augen; aus dem kaum geöffne=
ten Munde ragte, nur gerade merkbar, das

spitze Zünglein; unter den Schuppen der Windungen aber waren versteckt ein par Runen angebracht. —

„Es ist doch besser," sprach er, das Kleinod in die Gürteltasche schiebend, „ich steck' ihn weg. Trag ich ihn am Finger, will ihn die begehrliche kleine Elbin wieder haben. Und ich selbst — die Versuchung! .. Nein! .. Geschieht's, — durch Zauberzwang soll's nicht geschehn."

„Komm', Unrast, tritt herein zu mir!" rief von dem Herde heraus die kindliche Stimme. „Alles ist für dich bereit. Ich wart' auf dich, Unrast. Komm' doch!"

„Sie weiß nicht, was sie redet, was sie ruft," sprach er und sprang sammt dem Kind und dem Speer über beide Stufen und über die Schwelle.

Sie nahm ihm nun die Kleine ab.

„Sie ist so gut haben, nicht? So freundlich! . . . Nicht auf die Herdbank? Auf den Schemel? Nun, wie du willst. — Dort,

auf dem Herdrand, steht der Napf. Hier,
nimm den Holz=Löffel. — Halt! Doch nicht
so gierig!"

Der Gott, der nur Wein, niemals Speise
zu sich nimmt, hatte so rasch als möglich
den Schein des Essens abspielen wollen:
allein die junge Hausfrau litt das nicht.
„Gemach! Der Brei ist ja noch heiß! Du
wirst dir die stolzen, die spöttischen Lippen
verbrennen! — Ungeschickter! Ungestümer!
Ungeduldiger! — Ja, wahrlich „Unrast"
heißest du mit Fug! Ich sehe schon — du
hast all deine Lebtage nicht recht gelernt, wie
man heißen Brei ißt."

„Nein, leider nicht!" sagte der Gescholt=
tene, ganz kleinlaut.

„Komm', ich werd' es dich lehren." —
Sie setzte sich auf die Herdbank dicht vor
ihn. — „Wart', ich will ihn dir schon kühlen."
Sie blies die Backen auf — gar ernsthaft
blickend, mit weit geöffneten Augen, — und
hauchte mit aller Macht auf den Inhalt des

nur halb gefüllten flachen Löffels — es ließ ihr
gar drollig! — Er mußte wieder — unfreiwillig
— lächeln. — Nun schob sie den ersten Löffel
voll an seinen bärtigen Mund: gehorsam
that er ihn auf und schluckte mit Würgen
und Widerstreben das weiche Zeug hinunter.

„Ein so großes Kind hab' ich noch nie
gefüttert," lachte sie hell auf. — Aber
schau —: die Kleine ist mir — auf dem
Arm! — eingeschlafen. Ich lege sie zu Bett."

Sie stand auf und ging mit dem schlum=
mernden Kind in den zweiten — und letzten —
Raum, welchen die Hütte außer der Herd=
halle noch enthielt: die Schlafstätte; sie war
nur durch einen die Oeffnung der Seiten=
thür füllenden Vorhang aus starkem grauem
Segeltuch abgetrennt.

Unter dem Vorhange selbst machte sie zö=
gernd Halt: einen raschen Blick warf sie noch
auf den Gast zurück: nun war sie verschwun=
den hinter den zusammenfallenden Falten. —

V.

Sowie sie geschieden, sprang der Wanderer
auf, so ungestüm — er stieß den Napf um
auf dem Herde. Er schritt in der engen
Halle auf und nieder — mit sieben seiner
Schritte war sie durchmessen.

„Welch Geschöpf, dies junge Reh! Mutter
ist sie — und selbst noch Kind! Nicht nur
das Blut, die Seele bewegt sie. — —

Freilich: sie ist auch rührend in ihrer Un=
schuld — rührend.... bis zum Erbarmen! —

Ein Druck an den Ring — ein Wort des
Wunsches und — Nein! — Ich will nicht! —

Aber ein Wurf meines Speeres — und
sie ist Wittwe! Dann — keines Zaubers wird
es brauchen. —

Und dieser Speerwurf? — Unrecht?
— Ja, Odhin, ja, ja wohl, Unrecht!
Frevel! —

Wohlan denn! Soll ein Mann, ein Gott,
nicht auch einmal freveln dürfen? Dieser
holde Reiz: — er ist mein Lohn für den
heutigen Sieg. Warum mir diesen Lohn nicht
gönnen? Hei, das heiße Riesenblut, das alt
vererbte, braust auf in meinen Adern: es
gährt, es glüht!

Warum soll gerade ich immer der Weise,
der Gerechte, der Tugendliche sein? Das ist
sehr wenig — lohnsam! Jeder andere Mann:
Gott oder Riese, Elbe oder Menschen-Mann
— der diesen lechzenden Durst verspürte und
ihn löschen könnte, — so leicht, so sicher,
so unhemmbar gewiß wie ich! — der löschte
ihn. Warum soll ich allein nicht . . .?"

„Weil wir dich, Odhin,
Ehren vor Allen . . ."

„Horch! Sie betet!"

„Darum flücht' ich zu dir
Und fleh' ich dich an."

Er schlich — ganz unhörbar konnte er auftreten — an den Vorhang und spähte durch die Falten.

Sie lag auf beiden Knieen, die Linke auf des schlummernden Kindes Brust gespreitet, die Recht hoch ausgestreckt zum Gebet.

„Es welkte die Welt,
Es risse das Recht,
Es sänke die Sitte,
Die Zucht verzehrte
Gehrende Gier
Und frecher Frevel den Frieden, - -
Waltest du nicht,
Weiser Wächter,
Odhin von Asgardh!

Schütze den Schlummer,
Schirme den Schlaf
Dem kleinen Kinde.
Schirme mich selbst
Und auf wilden Wegen
Den guten Gatten
Vor steilem Sturz
Und vor spitzem Speer.

So bete ich bittend
Nacht um Nacht:

Heut aber höre
Besondere Bitte:
Gieb auch dem Gast,
Dem armen Unrast,
Rast und Ruhe
Und Freude des Friedens.

Niemals noch nahte mir
Gleiche Gestalt,
Gleiche Gewalt
Blitzenden Blicks,
Ahnenden, allergrübelnden Auges.

Des Mächtigen muß ich,
Ob ich auf Andres
Suche zu sinnen,
Dennoch dauernd gedenken.

Gewiß ist er g u t :
Guten nur gebt ihr,
Gütige Götter,
Gleiche Gewalt.

So gewährt ihm die Wünsche,
Und des Herzens Hoffen,
Das haftend ihn hetzt,

Ihn unruhig umtreibt,
Den armen Unrast.
Höret ihn, helft ihm,
All ihr Asen
Oben in Asgardh,
Aber vor Allen du, Odhin,
Der Wünsche Gewährer."

Da zog ein böses Lächeln um seinen über=
müthigen Mund: „Der Anfang des Gebetes
schreckte zurück. — Aber nun? Nun will
sie's ja selber! Sie bittet darum! Wohl
denn; — Odhin soll — ihrer Bitte ge=
mäß — Unrast's Wünsche gewähren."

VI.

Alsbald trat Bibhja heraus, sie suchte den Gast.

Der saß wieder vor der Thür auf der Bank, den Speer zwischen den Füßen und an die Schulter gelegt, das Haupt in dem weichen Hut an die Holzwand des Hauses gelehnt; sinnend sah er in die immer noch helle Abendluft hinaus. —

Sie ließ sich neben ihm nieder.

„An was dachtest du?" forschte sie.

„An dich."

Sie lachte. „Was wäre über mich zu denken!"

„Mancherlei. — Du hausest hier einsam, unbefreundet, wann dein Hauswirth fern.

Du bedarfst eines Freundes, eines Schützers. Ich will dein Schützer sein."

„Du? ... Aber du wohnst doch ...?"

„Ganz wo anders. Doch weiß ich mancherlei Zauber zu üben ..."

Erschrocken sah sie zu ihm empor, mit Grauen: allein es mischte sich ein leises Wohlgefallen in dies Grauen, als sie, kopfnickend, sprach:

„Ich glaube das wohl von dir! — Nur guten Zauber doch!"

„Das wird von dir abhängen."

„Von mir?" staunte sie.

„Ich gebe Bibhja drei Bitten frei —: was auch du begehrst, es soll geschehen."

Da patschte das junge Weib die kleinen Hände zusammen und lachte hellauf: „Höre, das glaub' ich dir nicht! Zum Zaubern gehören Stab und Runen und Kessel und Sud. Aber nur so wünschen? Ei, ich versuch's! Gleich! Mir thut's lange schon leid, daß ich — das Ael ist uns ausgegangen — dir

keinen Trunk bieten konnte. So wünsch ich
denn: mein großer Zuber in der Geräth=
kammer soll vor dir stehen, gefüllt mit
bestem Ael."

Da fuhr sie zusammen, die Kleine: noch
weiter öffneten sich die großen, runden Au=
gen: ihr alter zweihenkeliger bauchiger Holz=
zuber, vielfach geflickt, stand vor dem Gast:
und gelbweißer Aelschaum floß an beiden
Seiten daran herab.

Der Wanderer wollte zürnen: allein, wie
er das verdutzte und doch erfreute Gesicht
der Wirthin sah, da zog ihm, halb wider
Willen, ein Lächeln über den Mund: „Klein=
gläubige! Eine Bitte schon verscherzt!" Er
stieß mit dem Fuße den Zuber um, das Ael
floß auf die Erde.

„Was thust du? So trinke doch!"

„Ich trinke nur Wein."

„Was ist das? — — Aber gleichviel!
Nun ich sehe, es ist richtig mit dem Wunsch=
zauber, — nun will ich auch gleich das

allerheißeſt Erſehnte wünſchen. Meiner
Schweſter Kind, etwa ſo alt wie meines,
prangt im ſchönſten, rothgeſäumten, weißen
Wolltuch. Oft ſah ich's mit Neid. Wir ſind
zu arm, dergleichen zu ertauſchen. Solch
Wolltuch, zweimal ſo lang, wie die Nichte hat,
ſoll mir ſtracks auf den Knieen hier liegen."
Und da lag es.

Haſtig ſprang der Gaſt auf und hielt
ihr den vor Staunen geöffneten Mund zu.

„Kindiſch Geſchöpf! Schweig!" grollte er.

„Und das," raunte er mit ſich ſelbſt, „das
ſollte mir Erſatz ſein für Frigg, für das
hohe Weib, das kluge, mit den himmels=
klaren ernſten Augen, mit den hohen, den
ewigen Gedanken. Ein Spielzeug wäre ſie,
ein anmuthiges, nicht aber Odhins Ge=
noſſin! — Verſcherze nicht auch den dritten
Wunſch noch! Du könnteſt ihn brauchen!
Die letzte Bitte ſpare dir auf und — nach
meinem Rathe bitte ſie einſt. Ich ge=
biet' es."

„Und ich gehorche,“ hauchte die junge
Frau, leise bebend, wie sie sich erhob, die
langen dunkeln Wimpern scheu senkend, nach=
dem sie vergeblich versucht hatte, seinen
strengen Blick zu tragen.

Das ließ ihr sehr hold, sehr gewinnend:
der Gast schien die Sanftmuth, die Demuth
zu lieben.

„Ob wohl Frigg lieben kann, wie diese
sanfte Seele ihren Gatten liebt? Ob Frigga
jemals so weich, so ganz aus Herzens Grund
sich fügen kann?“ sann er.

Und es fesselte ihm die kindliche, zarte,
zage Gestalt die nachdenkliche, die verglei=
chende Betrachtung.

Ein Schweigen entstand. —

Beunruhigt wagte Bidhja, obwohl noch
verschüchtert, das Auge wieder aufzuschlagen.

Aber sie erschrak nun mehr als zuvor über
einen lodernden Blick, der sie zu verzehren
schien.

Sie wollte zuerst weichen, fliehen in das Haus.

Allein sie fühlte, dann würde dieser Blick ihr folgen. Und das — gerade das! — fürchtete sie. So überwand sie den feigen Einfall der Flucht, überwand sogar die Furcht — denn dieses Antlitz flößte doch auch Vertrauen ein — und nun trat sie plötzlich rasch auf ihren gewaltigen Gast zu.

Mit der Bewegung eines schutzflehenden Kindes legte sie ihm die Innenfläche der rechten Hand unter seinem zurückwehenden Mantel auf die linke Brust.

Wohl erschrak sie aufs Neue ein wenig, wie sie den machtvollen, den haftenden Herzschlag verspürte.

Allein sie bezwang auch diese Scheu, und die langbewimperten Augen zu ihm aufschlagend mit dem Ausdruck des todesbangen Rehes bat sie mit unwiderstehlicher Innigkeit:

„Bitte, Lieber, schau mich so nicht, so

mich nie mehr an! Ist es Zorn? — Ist
es Haß? — Was that ich dir zu leid? —
Ich weiß es nicht! — Doch kann ich das
— diesen Blick — nicht ertragen. Nie blickte
ein Mensch — auch Aswin nicht — mich
also an. Ich bin dir gut, du wundersamer
Fremdling. So hilflos gut! O bitte — sei
du auch gut gegen mich. Bitte!"

Da zog in des Wanderers breite Brust
allüberwältigend Erbarmen, jede andere Re=
gung verdrängend.

Aus seinem Auge schwand das Lodern:
er senkte die stolz erhobne Stirn und väter=
lich, wie segnend, strich er leicht über das
kleine zierliche dunkelbraune Köpflein hin:
„Du rührend Kind! Du reines Herz! Mir
ist: deinem Bitten kann niemand wider=
stehn. — Leb wohl."

Bibhja hatte, zusammenschauernd unter
seiner leisen Berührung — es war die erste
gewesen — das Haupt tief gebeugt. Als
sie es nun wieder hob uud die Augen

dankend aufrichtete, — da war der Gast
verschwunden.

Vergeblich spähte sie überall umher, den
Weg verfolgend, auf dem er den Hügel
herauf gekommen, — den entgegengesetzten
Pfad, an der Hütte vorbei — dann nach
beiden Seiten: nirgend war er zu sehen.

Rathlos, erstaunt sah sie, unwillkürlich
nach Oben in das nun tief schattende däm=
mernde Abendgewölk: — ein plötzlicher Wind=
stoß trieb die Nebel von der Erde empor:
da war ihr, eine von den hochgethürmten,
dunkeln Wolken gleiche dem Mann in Man=
tel und Hut; auch der lange Wolken=Speer
in der Rechten fehlte nicht.

„Wie thörig,“ lächelte sie still vor sich
hin. „Ich meine, ich muß ihn noch sehen:
— überall sehn. Nun seh ich ihn gar
in den Wolken! — Sofort muß ich Aswin
von ihm sagen — Aswin kommt ja morgen,
— sicher. — Aber Unrast? Wann kommt
Er wieder? — Niemals wieder?“

Sie legte gar ehrfürchtig das zauberge=
spendete Wolltuch über die Schulter und
ging auf das Haus zu.

Langsam ging sie, zögernd, Schritt für
Schritt.

Auf der Schwelle blieb sie stehen: noch=
mal sah sie zu jenem fliegenden Wolken=
gebild hinauf: es war völlig verschwunden.

Sinnend, den Kopf leise schüttelnd, trat
sie über die Schwelle.

Sie legte sich auf das Lager — aus
Schilf und Moos aufgeschüttet, — neben ihr
Kind. — Aber sie fand nicht Schlaf. — —

Zweites Buch.

I.

Sausend war der Gott, von dem dunkeln
Mantel wie von Adlerflügeln getragen,
in ungestümer Bewegung durch das
Gewölk gen Asgardh emporgefahren.
„Oh Frigga, Frigga! Grausame Braut!"
grollte er. „Zu dir! Rasch zu dir! Alles
sagen! Dir aufdecken, welche Qual dein
Nein über mich verhängt. Aber auch davon
will sie ja nichts hören. Gluth schoß ihr
neulich in die bleichen Wangen — haftig
schritt sie von mir hinweg. War es süße
Scham? Eher herber Zorn! Denn nicht
sanft —: herbe ist sie! Gleichviel! Alles

soll sie hören. Sie soll doch ahnen, wozu
ihr ewig Nein mich treibt — mich treiben
könnte."

In Asgardh angelangt, eilte er sofort
mit starken Schritten, an Walhall vorüber,
auf Fensal, Frigga's Halle, zu.

Weit ab lag die vom Lärme Walhalls,
unter dem Schatten dichter, schönblättriger
Linden; ein Quell floß hier durch Wiesen
hin; auf denen blühten zarte Blumen Jahr
aus, Jahr ein.

Seine lauten Tritte auf dem engen, mit
Steinen belegten Pfade, welcher den Rasen
durchschnitt, scheuchten die weißen Tauben
der Göttin auf, die — war es doch nun
schon dunkle Nacht — oberhalb des Simses
der Hallenthür sich zu Rüste gesetzt; ver=
schüchtert flogen sie auf und umflatterten
mit laut klatschenden Flügelschlägen un=
schlüssig das Dach.

Dem späten Besucher däuchte, aus dem
Schlafsal, dessen Fenster durch Läden fest

geschlossen war, glimme durch eine schmale
Ritze im Holze Licht.

Er hoffte, er wünschte es so heiß!
Vielleicht sah er's nur deshalb.

Mit Einem Sprung setzte er über die
sieben Stufen, welche von dem Vorhof an
die breite Schwelle der Pforte hinauf führten.

Hochklopfenden Herzens wollte er an=
pochen mit der wie im Zorn geballten
Faust: — er achtete nicht in seiner Unge=
duld des ehernen Thürklopfers in Hammer=
gestalt, den kunstreiche Zwerge der schönen
Göttin geschmiedet hatten.

Aber siehe, da ward von innen die Thüre
geräuschlos aufgethan und auf der Schwelle
erschien, im weißen Nachtgewand, Lofn,
Friggs kindjunge Dienerin.

Sie trug in der Rechten einen matt
brennenden Spahn von Wachholder: —
witrzig, aber herb und streng, duftete das zähe
Holz im Glimmen. Zwei Finger der Linken
hielt sie an den Mund, Schweigen bedeutend.

Wunderbar! Beschwichtend nicht, aber zu=
rückschreckend, Scheu erzwingend wirkte auf den
ungestüm Verlangenden der tiefe, der keusche
Friede dieser Frauen=Siedelung. — — —

Der Hoffnung traurig entsagend flüsterte
er — der stummen Mahnung gehorsam die
starke Stimme mäßigend —: „Meine Braut?
— Ich will sie sehen — sprechen."

Die Jungfrau schüttelte das Haupt, über
welches der weiße Nachtmantel gezogen war,
und noch leiser als die Frage kam der Be=
scheid: „Niemand naht Frigga zur Nacht!
— Lang harrte sie Odhins beim Sieges=
mahl. — Er kam nicht. — Nun schläft sie."

Schmerzlich, grollend, grimmig furchte
der Sehnende die gewaltigen Brauen.

Rasch, wie der Wirbelwind thut, drehte
er sich um sich selbst. Ohne Wort, ohne
Gruß, ohne noch einen Blick zurück zu wer=
fen, schlug er den weitfaltigen Mantel um
die breiten Schultern, stöhnte einmal auf
und stürmte hinweg. —

Bald lag er auf seinem ruhelosen Ruhe-
bett.

Unsanft stieß er die treuen Wölfe von
sich, welche ihm den Fuß lecken wollten.
Das dichte Fell des Eisbären, welches das
Eichenholzgestell des Lagers bedeckte, schleu-
derte er zur Erde. Es war zu heiß, zu weich!
Auf das harte Holz drückte er mit wollüsti-
ger Pein Schultern und Rücken, bis sie
schmerzten. Die Quetschwunde am linken
Arme brannte. Das freute ihn. Es that
ihm wohl.

Er wälzte das Haupt voll tobender Gedanken auf dem Eichenbrett rastlos hin und
her — alle noch übrigen Stunden der Nacht.

„Oh Frigg,“ knirschte er einmal, „soll
ich dich aus Liebe hassen müssen? Wenig
fehlt! Nichts fehlt! Ich hasse dich — vor
Sehnsucht. Warte! Wehe dir: — morgen!“

Er schlief so wenig in Gladsheim, als
Bidhja unten auf Erden.

Auch in Fensal brannte Licht im Schlaf=
gemach die ganze Nacht. —

Durch die Ladenritze hatte die Braut
lange, lange Stunden unablässig ausgespäht,
bis sie den wohlbekannten, den wogenden
Schritt hatte heran hasten hören, bis sie die
dunkle Gestalt erkannt.

Dann war sie — tief verschämt, er=
röthend — von dem Fenster zurückgetreten,
das herabgleitende Nachtgewand sorglich mit
beiden Händen über den wunderschönen Busen
emporhebend — als ob sein Blick den dich=
ten Laden hätte durchdringen können! — —

Erst als er scheidend von den Stufen
herab sprang, trat sie wieder an den Laden,
— sie sah dem Hinwegbrausenden nach,
immer nach: — die weiße Stirn an das
harte Holz pressend, bis auch der letzte
Schatten seines fliegenden Mantels ver=
schwunden war. —

Dann trat sie — unverwandten Auges
— zurück und sank auf das weiße, das

schneeig=weiße Lager; aus den weichen Fellen weißer Hirsche war es aufgeschichtet.

Sie stützte beide Ellenbogen auf die Kniee und in die beiden schmal zulaufenden Hände vornübergebeugt das herrliche, das edel ge= bildete Haupt.

Gelöst fluthete ihr auf die schwer wogen= den Brüste das hellblonde Haar in kurz ge= brochenen Wellen: und sie weinte, weinte, weinte — ohne Wort, ohne Seufzer sogar.

Und jede ihrer Thränen ward zu Gold. —

Am andern Morgen früh legte ihr Lohn in ihrer weißen Schürze zusammengehäuft die vielen kleinen goldnen Kugeln vor. „Ein ganzes Halsgeschmeide!" klagte die Viel= getreue.

„Leg's zu den andern Reihen."

„Es sind schon gar viele."

„Ich weiß! Ihm gehören sie. Ihn sollen sie schmücken."

II.

Kaum hatte an diesem Morgen der Sonnen-
gott die lichtmähnigen Rosse vor den gol=
denen Wagen geschirrt, — schon stand Odhin
in der Gasthalle zu Fensal vor seiner Braut,
der herrlichen.

Nichts, keine Bewegung, kein Zittern,
keine Miene in dem wundervoll schönen,
aber strengen und kalten, undurchdringbar
vom Willen gehüteten Antlitz verrieth ihm
irgend welche Empfindung. Nur daß die
weiße Stirn erröthete, konnte sie nicht hindern.
Und weil sie das fühlte, schlug sie schämig
die langen Wimpern, die sonnenfarbenen,
nieder. Das leuchtende Haar, auf der Mitte
der Stirn in zwei Hälften gestrichen, strömte

in langen Wogen über ihre Schultern bis
unterhalb der Kniee: — sie trug kein Gold,
als dies ihr Haar. — Das ganz' weiße,
faltige Gewand war mit handbreitem hell=
blauem Saum eingefaßt; die herrlich gerun=
deten, marmorweißen Arme glänzten, voll
sichtbar: denn den blauen Mantel hatte sie
von den Schultern gelöst und über die Rücken=
lehne ihres kunstvoll geschnitzten Hochsitzes
gelegt; auf ihrer linken Achsel wiegte sich eine
ihrer weißen Tauben.

Sie ließ die Spindel, weithin sie aus=
werfend über die drei Stufen des Hochsitzes
hinab, auf dem glattgestampften Estrich schnur=
rend tanzen: unverwandt waren auf diese
Spindel die scharf gesenkten, kühlen, lichten,
wasserblauen Augen gerichtet: — nur mit
kaum merkbarem Beugen des Hauptes, nicht
mit Wort, nicht mit Blick, hatte sie des Ein=
tretenden Gruß, seinen Heil=Ruf erwidert.

Lofn saß zu ihren Füßen auf der mitt=
leren Stufe des Hochsitzes und zupfte einen

frischen Wocken für die nimmer rastende
Spindel zurecht.

Der Hochsitz füllte die Mitte des Hinter=
grundes der geräumigen Halle — der Ein=
tretende war nahe der Schwelle stehen geblie=
ben: — so trennte beide ein gar weiter
Zwischenraum.

Schweigen entstand, nachdem die Braut nur
stumm gegrüßt hatte. Bang, furchtsam blickte
Losn von ihrer Stufe zu Odhin auf. Da wies
dieser plötzlich, mit gebieterischem Ausstrecken
des Armes, nach der Eingangsthüre: — er
hatte sie offen gelassen. So ungestüm war die
überraschende Bewegung, daß die Taube, wild
erschrocken, von der Schulter der Herrin auf=
fuhr und pfeilschnell zur Thüre hinaus schoß:
— eilfertig folgte Losn, ihren Wocken wirr
zusammenpackend, desselbigen Weges. —

Die Herrin sah nun auf von der Spindel:
streng gefurcht war die weiße Stirn und
herbe klang die Stimme, als sie, die Erre=
gung verhaltend, sprach:

„Odhin von Asgardh, Aergster der Argen!
Du gebietest in meinem Hause?" —

Da er beharrlich schwieg, fuhr sie fort:
„Was soll's? — Was hast du mir — mir
allein — zu sagen?"

„Viel!" grollte er. „Nun, Frigga, rüste
dich zum Kampfe . . ."

Drohend, nahezu feindlich, hatte er be=
gonnen. Jedoch, wie er nun mit durstigen
Augen in sich sog all diese strahlende Schön=
heit, diese unwiderstehliche Anmuth, welche
wie eitel Wohllaut sie umfluthete, — da
schmolz ihm der eherne Groll und begeistert
fuhr er fort: „du schönstes aller Weiber und
— geliebtestes."

Stumm wandte sie, wie um nicht weiter zu
hören, das herrliche Haupt zur Seite. Unend=
licher Liebreiz lag in der Bewegung, wie in
jeglicher Regung dieser wonnigen Gestalt.

Er warf hastig den Hut und den Mantel
auf die Rundbank, welche sich um die ganze
Halle hinzog; im dunkelblauen Wollwams

stand er nun, über die Schulter hing ihm,
mit Silber beschlagen, das mächtige Hifthorn.

Er trat ihr rasch mehrere Schritte näher:
aber zurückgestoßen von ihrer Ruhe machte
er plötzlich wieder Halt; er kam so an den
Mittelpfeiler der Halle zu stehen; er lehnte
sich daran mit dem Rücken; er schlang, hoch
sich reckend, den linken Arm um den Pfeiler
und drückte ihn an sich, die wilde Erregung
zu meistern.

Bald ließ er ihn wieder los, durchmaß die
Halle nach Rechts und nach Links mit starken
Schritten, jedoch die Augen nicht lösend von
der schweigsamen Spinnerin und immer bald
wieder gerade ihr gegenüber Halt machend.

Sie aber, die fein geschnittenen Lippen fest
zusammen schließend, rührte und regte sich nicht
— auch nicht ein Kleines! — auf ihrem
stolzen Hochsitz. Eifrig, unabläſſig, kaum
je aufblickend spann sie weiter. —

III.

„Fürchte nicht," begann er — mit solcher Ruhe, daß sie insgeheim erstaunte: aber bald fühlte sie, wie gewaltsam erzwungen diese Bändigung war — „ich dränge dich nochmal.

Heiß ist meine Liebe: — aber doch hat die Gluth noch nicht allen Mannesstolz ausgebrannt in Odhin von Asgardh. Wenn es dir denn noch immer so ganz unerträglich ist, mein Weib zu werden" — da bebte seine Stimme vor zornigem Groll — „so — warte noch. Höre nur, was du wissen mußt. Ich fand gestern Abend" — und nun spähte sein Auge gespannt auf jede leiseste Regung in ihren Mienen — „ich fand — ein junges Weib: — Bibhja."

Rasch schlug Frigga die gesenkten Wim=
pern auf: — es war nur Ein Blick — so=
fort kehrte die eisige Ruhe auf ihr Antlitz
zurück: — und doch hatte der Spähende es
vermerkt. —

Sie nickte. „Du kennst sie also," fuhr
er fort. — „Sie gefällt mir. — Ich werde
ihr Freund, sie wird meine Freundin sein."

Da sprach die Braut, den reizvollen
Mund so wenig wie möglich öffnend, mit
herbstem Ton: „Es giebt nicht Freund=
schaft zwischen Mann und Weib. Nur Ver=
löbniß, Ehe oder — Frevel."

„Oho," lachte der Gott, laut, schallend
auf und fuhr rasch, wie vergnügt, einmal
mit der Rechten über Bart und Kinn. „Wer
hat dich diese Weisheit gelehrt?"

„Ich brauchte sie nicht zu lernen. Der
Ehe Göttin heiß' ich."

„Wirst es aber — in Wahrheit — erst
werden, nachdem du mein Weib geworden.
Eine Jungfrau — Göttin der Ehe!"

„Auch dein eigner Sohn — Loki — gab
mir darin Recht.“

„Ei, Loki? Der noch niemals log?“

„Diesmal log er nicht. — Er meinte,
nur drei Fälle kenne er vom Gegentheil.
Im ersten zählte der Freund achtzig Winter.
Im zweiten war der Freund blind und die
Freundin blind und taub. Im dritten
waren beide jung, aber die Freundin häß=
lich wie die Fledermaus. Da liebte nur
sie ihn.“

„Nicht übel! Aber echte Loki=Bosheit:
lose Loki = Lügen! So schlimm ist's doch
wahrlich nicht. — Und wär' es so: was
schadet es, wenn wirklich durch die Freund=
schaft, die sonst deinem weißen, farblosen
Flachse da gleicht, wenn wirklich durch die
Freundschaft zwischen Mann und Weib ein
feiner hellrother Faden sich, lebhaft gleißend,
durchzieht — wie wenn ein Haar Freia's, der
rothlockigen, hindurchgeflochten wäre? Was
schadet es?“ Er schwieg und spähte.

Aber ganz ruhig sprach sie diesmal: „Sprich doch die Wahrheit, Gott der Arg= list. Deine Buhle soll sie werden."

Den Blick noch schärfer schärfend als je rief er überraschend: „Und wenn?"

Sie zuckte ganz leise.

„Du weißt es ja," fuhr er ruhig, den linken Arm wieder um den Pfeiler schlingend und das Haupt leicht senkend, fort: „nach dem zweifellosen alten Recht der Götter hier oben in Asgardh gleichwie der Menschen auf Erden, soweit in allen Landen sie uns Asen verehren: — nur Braut und Eheweib bindet die Pflicht der Treue, nicht Bräuti= gam, nicht Gatten. Mit Maiden oder Witt= wen mag er der Liebe pflegen: nicht Sitte verwehren's, nicht Recht."

„Jawohl, ich kenne es, dies Recht: es ist scheußlich."

Der Gott zuckte die Achseln. „Aber Recht."

„Un=Recht!"

„Nein, Recht ist es."

„Bei uns. Nicht überall."

„Aber bei uns."

„Man flüstert: fern im Morgenland wird einst eine neue Lehre künden ein neuer Gott —"

Da ballte Odhin grimmig die Faust um den Griff des Kurzschwerts, das in seinem Wehrgurt hing, sein graues Auge loderte wild auf und drohend sprach er: „Auch ich hörte von ihm raunen. In Jünglingsgestalt soll er dereinst erscheinen. Oh, stellte er sich doch zum Schwertkampf mir: — Ich gäb' ihm Brünne, Schild und Helm voraus — und wir kämpften — kämpften um die Herrschaft der Welt."

„Nach seiner Lehre werden Braut und Frau die gleichen Rechte auf Treue haben wie Bräutigam und Ehemann."

„So? — Wenn's dann nur auch gehalten wird! Ich meine, nicht nur von den Schwachen, auch von den Starken."

„Und dies bei uns geltende Recht der
Männer — ach, es ist auch für uns Frauen
„Recht"! — das habt ihr Männer ge=
macht, wie's euch Männern behagt."

„Jawohl. Und alles Recht werden die
Männer machen, so lange die Männer mehr
Vernunft haben, es zu denken, als die Weiber.
Und mehr Kraft haben, es zu schützen. Also
immer."

„Es ist scheußlich, sag' ich dir. Ein
Mann hat nur Ein Herz: — wie kann er
mehr als Ein Weib lieben?"

Sie hatte das heftig hervorgestoßen.

Mit Wohlgefallen hatte er die rascheren,
lauteren Worte gehört. Er schwieg eine Weile,
kühl sie musternd.

Dann sprach er spöttisch, die grauen
Augen zusammen drückend und den breiten
Bart langsam spitz zusammen drehend: „Doch
auch Frauen — so sagen die Leute! —
haben schon manchmal — es soll vorkom=

men! — als Wittwen die Arme geschlungen
um den — zweiten Gemahl."

Sie hob streng die Brauen: „Mit Frigga's
Segen — nie und nimmermehr! „Ein
Leib, Ein Herz, Ein Gatte": — das ist
Frigga's Recht."

„Zum Glücke für die armen Wittwen
gilt es aber nicht, dies allzu grausame Recht!
Sie sind so erinnerungsreich! Und so hoff=
nungswarm."

„Höhne nicht! Höhne die Frauen nicht!
Es erregt mir den Zorn."

Sehr zufrieden dachte der Gott: „Das
seh' ich." Aber er sagte es nicht.

„Und du" — hier flog ihm ein rascher
Blick zu — „als der Gott des Gesanges,
der Dichtung — du nimmst dir darin wohl
mehr noch als Andre in Anspruch?"

Aber Odhin schüttelte das hohe Haupt:
plötzlich war er sehr ernst geworden: „Mit
nichten! Der Sänger, der hierin ein Mehr
für sich begehrt — über der Andern Maß

hinaus — zu den Göttern etwa wähnt er sich dadurch zu heben? Der Thor! Zu den Thieren senkt er sich dadurch hinab. Mag sein, daß heißere Gluthen, lockendere Bilder als Andern ihm aufsteigen: dafür beflügeln ihn die Schwingen der Begeisterung: nach oben tragen, nicht nach unten reißen sie. — Ich verlange nichts, als was Sitte und Recht Allen verstatten."

„Doch — Bidhja ist Aswins Weib: du brichst sein Recht."

„Sie wird bald Wittwe sein."

Er hatte das ganz tonlos, ganz kurz gesagt, aber dabei scharf, wie nie zuvor, auf ihr Antlitz geblickt.

„Mörder!" scholl es da und es sprühte wie Feuer auf ihn aus den strengen blauen Augen.

Behaglich strich der Gescholtene dreimal langsam den wirren Bart: „Das wollt' ich nur hören!" Er lächelte fein. „Nun hab ich dich, wo ich dich wollte: — im Unrecht

wider mich mit solch ungerechtem Wort. —
Soweit reißt meine verschloßne Braut da=
hin die —"

„Vielleicht die Eiferjucht?" Sie lachte
laut. „Geh! Küsse, wen du willst."

„Bidhja nicht, bis Aswin fiel. — Nicht
durch mich! — Nicht nach meinem Willen
auch, wie du jetzt wähnst. Ich fragte soeben
auf meinem Weg nach Fensal die Walküren:
— frühwache Mädchen sind's. — Sie warfen
die Loose. Nach unabwendbarem, nornen=
gewobenem Verhängniß fällt Aswin heute
Morgen noch im Kampf, im Sieg — bevor
er seine Hütte wieder sieht: vom Opfermahl
hinweg ging's in die Schlacht. — Brunhild
wird ihn auf Grani gen Walhall tragen."

„So geh denn hin und übe dein ab=
scheulich Recht! Mittels jenes" — sie schau=
erte vor tief innerem Weh — „jenes abscheu=
lichen Zaubergolds an deinem Finger."

Sie ward gluthroth vor heil'gem Zorn;
ihr Busen wogte.

6*

„Weshalb nennst du Recht und Ring abscheulich?" Er ward stets kühler in seinem Ausdruck.

„Weil sie es sind! — Du sagst: du liebst mich?"

„Ich liebe dich."

„Und Bidhja auch? Das ist —"

„Unmöglich, willst du sagen? Du siehst soeben, daß es möglich ist."

„So ist es: wie Krankheit und Laster."

IV.

Ei, — laß sehen! — doch vielleicht nicht völlig so," erwiderte Odhin, ganz langsam, bedächtig sprechend, und so ruhig, als ob ihn die Frage gar nicht angehe.

Er lehnte das erhobene Haupt fest an den Pfeiler und schob wiederholt mit der Linken den Bart nach beiden Seiten von den Lippen.

Grübelnd, sinnend sprach er vor sich hin, nicht für die Hörerin, — so schien es — nur um für sich selbst das Richtige zu suchen: „Wenn ich nun sagte: in meines Wesens Harfenspiel sind gar viele Saiten ausgespannt. Kann Ein Weib sie alle schwingen und tönen machen? Oder wenn

ich nun erwiderte: in meines Wesens meeres=
weitem Spiegel glänzen alle Sterne wider,
nicht Einer nur? Oder denk' es einmal so:
allem Schönen die eigne Eigenart aufzu=
prägen, drängt es den Mann. Wie, wenn
nun, nach urweiser, ew'ger Einrichtung der
Welt, die reichste Möglichkeit des Schönen
in der Welt gerade darauf beruhte, daß es
den Starken treibt, sich allem Schönsten zu
verbinden? Wenn ..."

„Schweig, arger Gott! Mit Recht den
Grübler schilt man dich."

„Mir klingt die Schelte wie Lob. —
Und Eins ist freilich wahr" — fuhr er
wieder, ganz wie in Sinnen verloren, fort,
„was den Dichter angeht: Dichten ist Zeugen.
Die gleiche Heißgluth, die das Leben zeugt,
zeugt auch das Lied. Feuer in die Harfe, oder
Harfe ins Feuer! Die gleiche Begeisterung, der
gleiche Rausch, ja die Berauschung in
Schönheit, reißt den Bräutigam zur Braut
dahin" — da loderten seine Augen, die er halb

geschlossen gehalten hatte, plötzlich in heißem
Blick auf die herrliche Gestalt — „und zum
Lied den Dichter. Nie hab ich schön —
wahrhaft schön! — gedichtet, als wann ich
liebte. Und: das höchste Gut des Sängers
ist die Schönheit."

„Mir aber tönt im Ohre noch ein ander
Wort," sprach sie vorwurfsvoll, verweisend:
sie hielt ein im Spinnen und hob mahnend
den Zeigefinger der Rechten: sie sah ihn
voll an und unendlich edel war ihr Blick,
als sie feierlich sprach:

„Das höchste Gut des Mannes ist
sein Volk." „Wer sprach wohl dieses
Wort?"

„Ich sprach es. Und ich sprech' es noch.
Dies Wort bleibt stehn. Und noch ein
andres auch: „der ist kein Sänger, der kein
Held." „Erst auch dem Sänger den Helm auf
das Haupt und auf den Helm den blutbe=
sprengten Eichkranz des Sieges oder des
Heldentods. Hab' ich jemals solche Mannes=

pflicht versäumt? Noch brennt die Wunde hier,
in meinem Schild=Arm. Und das merke:
auch wenn ich jemals ruhen darf an deiner
weißen Brust: — von deinem süßesten Kusse
reiß' ich mich los, wann das Heerhorn ruft
in die tosende Schlacht! — Nach dem Sieg
aber soll dem Sänger das Gelock der Kranz
des Schönen kränzen, ja muß ihn der
Trank des Schönen laben: sonst elend ver=
lechzt ihm vor tödtlichem Durst die ver=
schmachtende Seele."

Begeistert, laut, feurig schloß der Gott,
der kühl und nachsinnend begonnen. Fort=
gerissen hatte er fortreißend gesprochen.

Denn viel weniger herb als zuvor, eher
wehmüthig, klang die Stimme Friggs, als
sie nun seufzte:

„Verderblicher! Gunlödh — Laufeja —
Harpa — Bidhja! Wer wird das letzte deiner
Opfer sein?"

„Opfer? — Frage sie doch, ob sie be=
reuen! Ob sie um ein ganzes langes Leben

gewöhnlichen Erdenglückes den kurzen Wonne=
rausch in Odhins Armen zurücktauschen? —
Frage sie doch! — Und trieb mich etwa
Selbstsucht nur und dumpfe Gier? Haben
nicht die Sterne auch diese meiner Schritte
gelenkt? Gewann nur ich dabei oder ge=
wann das All? Möchtest du etwa Harpa
missen, die Sterbliche, die ich zu unsterb=
lichem Harfenschlag in Asgardh mir gesellt,
mir — und euch Allen?

Und Laufeja's Sohn? Nicht viel trau'
ich ihm zwar, dem listreichen Loki! — Aber
du selbst, — möchtest du den Schlauen ent=
behren im Rathe der Götter? — Und Gun=
löbh? — Wohl nahm ich den Meth der
milden Maid und ließ Gunlöbh sich grämen:
— aber der D i ch t u n g berauschenden
Wonnetrank errang ich damit: nicht mir allein,
— allen Wesen zu köstlichster Labe. So ward
es stets dem weiten All zum Segen, wann
Schönheit mich begeisterte, wann aus m e i n e s
Wesens Eigenart ein frischer Sproß erwuchs."

„Aber auch Freia!" Da stieg ihr lo-
bernde Gluth in die weiße Stirn. „Wähnst
bu, ich errieth nicht längst, um wessen willen
allein aus Wanaheim nach Asgardh über-
zusiedeln sie sich entschloß — sie, — die
verhaßte Bethörerin von allem, was da
Mann ist: — diese überall umherzüngelnde
rothe Flamme?"

Heftig drückte die zürnende Göttin die
stolzen, schmalen Lippen zusammen.

Aber er lächelte und strich geruhig mit
der Hand über seine mächtige Stirn:
„Nicht gar so bitter, mein' ich, solltest du
doch von ihr reden, von der Rothlockigen.
Es ist nun einmal der Flamme Art: sie
will brennen."

„Und meine Art ist's, die schädliche
Flamme auszutreten."

„Mir hat sie nicht geschadet."

„Ich weiß," sprach Frigg, beinahe freundlich, mit einem frohen, lobenden, dankenden
Blick: „die Allberückerin, — dich hat sie nicht

berückt. Doch that sie redlich dazu, was sie
konnte."

Er schüttelte ruhig das dunkle Gelock
und lächelte stolz vor sich hin: „Ein Weib,
das auf mich zielte, traf mich noch nie.
— Also ergieb dich drein" — fuhr er, nun
wieder ganz kühl, mit scharf prüfendem Blicke,
fort. „Viele Saiten sind — ich sagt' es
schon — in meiner Brust gespannt — laß
sie doch alle tönen!"

V.

„Nein, Odhin von Asgardh, nein!" rief
da die Braut, aufschauend von ihrer Arbeit
und ihn voll anblickend. „So argklug du
bist, — welche schicksalsschwere Entscheidung
du heute herbei beschworen hast mit deinen
ruchlosen Reden, — du ahnst es nicht."

„Vielleicht doch ein klein wenig," lächelte
der Gott ganz heimlich in den Bart: das
graue Auge leuchtete in aufsprühender Freude:
es stand ihm schön.

„Entweder," fuhr sie drohend fort, „all
deine bösen, zucht- und scham- und zügel-
losen Worte waren nur in grausamem Spiel
geschnellte Geschosse mit vergifteten Wider-
haken, — unausreißlichen! — gezielt auf

dieses panzerlose Herz ...." da bebte ihr
die Stimme.

„Oh wär' es endlich panzerlos," flüsterte
er zu sich selbst, entzückt aufhorchend.

„Oder: sie waren dir Ernst! Und dann,
Odhin von Asgardh — schön wie du bist,
— gewaltig wie du bist — gewaltig, wie
du dir heranzwingst die Herzen: — das
heißt: Anderer Herzen!" — kefferte sie
hastig — „dann reiß' ich mich los von dir
auf immerdar."

„Gegen Nornenspruch und Sternen=
gang?"

„Mein Herz ist meine Norne, mein
klares Auge ist mein Stern! — Willst
du wirklich — du! — der groß wie keiner
ist — wie sie sagen! — willst du wirklich
jenes ekle Recht, — das Recht der Untreue!
— üben gegen Frigg — diese Frigga,
die hier vor dir steht?" — Sie sprang vom
Sitz empor: — „mit deinem Fluch=Ring, den

dir üble Zwerge schmiedeten: — so wirf
dich in den trüben Gischt deines wilden
Begehrens: — mir aber wirst du dann nicht
mehr an die Fingerspitze, nicht an den Saum
mehr rühren meines weißen Gewandes: denn
er ist r e i n. Ja oder nein: Alle oder Frigg
— oder: Frigg und keine sonst mehr. —
Wähle, Odhin von Asgardh."

Und die verhaltene Maid, die strenge,
die fühllose Jungfrau war nun von ihrem
Hochsitz herunter gebraust, einer weißen
Wolke vergleichbar.

Die Spindel, die sonst so ämsig ge-
pflegte, hatte sie zornig auf den Estrich ge-
schleudert.

So ungestüm wogte der herrliche, der
hochgewölbte Busen, daß die Nadel an der
Spange ihres Gewandes barst. Hochroth
glühten die länglichen Wangen, das sonst
so kühle, herbe Auge funkelte und, leise
knisternd, hob sich auf dem Scheitel ihr ge-
welltes Haar. So stand sie vor ihm, drohend

und, weil feurig, ob auch nur im Grimme feurig, schön wie nie zuvor.

Auflodernd rief der Bräutigam: „Gegrüßt, du heil'ger, schöner Zorn! Du bist der Liebe plauderhafter Bote."

Sie trat einen Schritt zurück: leicht er= röthend schüttelte sie leise das Haupt: „Liebe? — Ich weiß von Liebe nicht. Du aber bedenke stets: nur der Rathschluß der versammelten Götter hat, nachdem du um mich geworben, mich als Braut dir zuge= sprochen, nicht meine Wahl."

„Ich weiß, ich weiß! Nur deine Hand hat all mein Werben mir eingetragen: — all mein Ringen um dein Herz — es blieb umsonst! O Schmach und Schmerz und wildes Weh! Du bist das erste Weib, das Odhin verschmäht."

„Wie?" grollte die keusche Göttin, „rühmst du vor Frigga deine Siege?"

„O nein," rief er leidenschaftlich aus= brechend, in tiefstem, bitterstem Weh, „ich beklage sie, ich verfluche sie, ich verwünsche sie! Und dich klag' ich um sie an! — Du — du — allein haft sie verschuldet!"

„Ich!"

„Ja du, Unnahbare! Weshalb, weshalb allein bin ich von Weib geirrt zu Weib? — Seit ich zuerst dich, Herrliche, geschaut, durchzuckte mir's nicht die Sinne nur bis in das tiefste Mark, erfüllte mir's die ganze Seele: sie, sie — dies blonde Haupt, — sie ist mir zugetheilt seit Anbeginn der Welt! Sie ist meines Wesens lang gesuchte andre Hälfte! Sie allein füllt die klaffende, die sehnende Leere, die hier so schmerzt, so beängstend, so bitter schmerzt, hier, in meiner ach! allzu breiten, leeren Brust! Sie allein — ihr süßer, in seligen Wonnen berauschen= der Leib, und diese himmelklare, stummver= haltne, aber meerestiefe Seele — hell wie ihr lichtes Auge, — sie allein löscht mir den bren= nenden Durst, den lechzenden Heißdurst nach) Schönheit!

Und dieses Weib, — meine anverlobte Braut! — es verschließt sich, es umgürtet sich wie mit ewigem Eise vor all' meinem glühenden Werben.

Wenn ich noch so innig flehe — sie schüttelt nur — siehst du! nun wieder! — unablässig, hastig, leidenschaftlich das geliebte Haupt und . . ."

„Nein! Nein! Nein! Nein! Nein! Ich werde mich wehren, so lang ich Kräfte habe."

„Da! Das ist Alles, was ich den fest geschlossenen Lippen entringe! Ich vergehe! Ich verbrenne! Und du? Gluthlos, — blut=los, — lieblos, — herzlos — schaust du behaglich zu mit deinen wasserkühlen, wasser=hellen Augen. Wohlan denn: Ich, der stol=zeste Gott und Mann, der je geathmet hat, sieh, ich beuge, ich demüthige mich so tief vor dir, daß ich dich anflehe, — hör es! — wenn nicht aus Liebe, — aus Mitleid, aus Erbarmen — werde mein! Sprich es endlich, dies verzweiflungsvoll ersehnte: „Ja."

„Nein! Nein! Nein! Nein! Nein!"

„Das ist alle Antwort, die mir wird!
Und du wunderst dich, wenn ich, von dir
immer, immer wieder fortgestoßen, hinaus=
stürme in die weite Welt, ein brennender
Brand, und entzünde und verbrenne Alles,
was mich reizt? — Oh Frigga, Frigga!
Kluges Auge! Hast du denn nicht durchschaut
den trügenden Schleier meiner Worte?

Es ist ja all nicht wahr, was ich geredet!
Meine Seele war ja fern von jenen weihe=
losen wilden Worten! Mein Ernst, mein
einz'ger, mein ew'ger Ernst, ist: daß ich
dich liebe, dich allein. Ich wollte ja nur
herausschürfen aus deiner undurchdringbaren
Seele, ob es dir denn wirklich ganz gleich=
giltig ist, wenn Odhin Andre liebt? Und
liebst du mich auch nicht — noch nicht! —
Dank dieser Stunde! Sie lehrte mich: es
ist dir nicht gleichgültig! O Frigga —
Frigga, liebe mich, werde mein und so un=
möglich ist es, daß mir noch ein ander Weib

in den Sinn trete, wie daß noch nach End=
lichem begehrt, wer die Unendlichkeit ge=
wann. —

Ich verspreche dir gar nicht Treue:
wardst du mein — ich könnte sie ja nicht
brechen, wenn ich es wollte! Oh Frigga,
mach' ein Ende dieser Qual! Es ist besser:
nicht nur für mich — für die Welt —
auch für dich! Es ist das Nothwendige!
Was sind Gunlödh und Harpa und Laufeja
und alle Mädchen und alle Weiber in allen
neun Welten gegen dich? Eine Saite
mochten sie schwingen lassen in meiner Brust:
du bist der Vollklang meines ganzen Wesens.
Einzelne schöne Strahlen sind sie: — du aber
bist die Sonne, du Allherrliche, du bist die
Schönheit selbst. Sie sind kleine Splitter
des Anmuthigen, des Weiblichen: — du bist
das Weib, du bist die Anmuth selbst. —
Einen Augenblick mögen Andre erfreuen: —
du bist der Liebe All und Ewigkeit; du bist
die Wonne meines ew'gen Seins. Ja, und

7*

du bist mehr: nicht meines Herzens
einz'ge Lust nur, — du bist meines Geistes
ebenbürtige Genossin! Mit deinem klaren
Haupt laß sie mich berathen, laß sie mich
theilen, die Herrschaft der Welt! Ja, du
denke mit mir meine geheimsten Gedanken,
die ich kaum mir selber gestehe. Du sorge
mit mir meine Sorgen, du kämpfe mit die
Kämpfe meines Geistes, wie du — ich weiß
es! — nicht zagen würdest, an meiner Seite
den Waffenkampf zu theilen, du, des Helden
Heldin, des geist-gewaltigsten Mannes schön-
heit-gewaltigste Frau. Denn du — du bist
ja ich und ich bin du! — Du bist mein
ewig Weib! Sprich, Frigga, liebst du mich
denn nicht?"

Und Flammen loderten aus den grau-
dunkeln Augen: in ausbrechender Gluth trat
er dicht vor die Geliebte und faßte stürmisch
ihre beiden Hände.

Da — zu seinem äußersten Erstaunen
— stürzte plötzlich die hohe, die königliche

Geſtalt, wie vom Blitze getroffen, gerade vor ihm nieder auf beide Kniee, die ſonſt ſo nixen=kühlen Augen ſahen, überſchwäng= lichen Ausdrucks voll, zu ihm empor und ganz leiſe kam es aus dem kaum geöffneten Mund: „Ueber alle Maßen!"

VI.

Da riß er die Knieende herauf an seine breite Brust und umschloß sie fest mit den beiden gewaltigen, den ehernen Armen und drückte sie an sich, erbarmungslos, und faßte ihr Hinterhaupt mit der Rechten und preßte ihr erglühend Antlitz an das seine und bedeckte ihr mit brennenden Küssen, mit markdurchrieselnden, Mund und Wangen und Augen und Stirn und das lichtwogige Haar. — — —

„Erbarmen — Geliebter — Erbarmen! — Ich vergehe!" hauchte sie.

Nun hob er sie auf, die herrliche, die hochgewachsene Gestalt, und leicht, wie ein Kind, trug er sie auf beiden Armen an die Bank,

welche sich um die Wand der Halle zog;
dort setzte er sie sanft aufrecht nieder.

Sie lehnte den Rücken an die Wand
und ließ, wie betäubt, das schöne Haupt
herabsinken: die Hände fielen ihr schlaff in
den Schos und mit gesenkten Wimpern
flüsterte sie, unhörbar für ihn: „Wehe,
wehe! — Nun ist er doch verloren! —
Nein! Nein! Nein! Nein! Nein!" fügte sie
rasch bei: „es soll nicht sein!"

Und kraftvoll raffte sie sich empor und
schlug die Augen wieder auf —: doch mied
sie es, seinem Blicke zu begegnen: fest ent-
schlossen sah sie starr zur Seite.

„Und warum — warum, Geliebte,
hast du mir das so lange verborgen? Warum wolltest du nicht mein werden?"

Er griff wieder nach ihren beiden Händen: aber sie entzog sie ihm; sie athmete
schwer, sie rang — sie suchte nach einer
Antwort.

„Weil — weil . . ." Sie mied beharr=
lich sein Auge. „Meine Amme —! Sie hat
mich gelehrt: — wann ein Mann — wann
du erst wüßteſt, daß ich dich liebe, — wann
ich dein geworden, — würdeſt du mich —
nicht mehr ſo ſtürmiſch — würdeſt du mich
weniger lieben."

Da hob er ſacht — mit Einem Finger
— ihr Antlitz an dem weichgerundeten Kinn
empor: — er wollte ſie zwingen, ihn anzu=
blicken, aber feſt hielt ſie die ſonnenfarbenen
Wimpern geſchloſſen.

„Echte Ammen=Weisheit! Nicht in deiner
großen Seele gewachſen — und nicht in
deine große Seele gedrungen. Unwürdig
meiner: — noch unwürd'ger deiner! Das
iſt nicht der Grund! Du kannſt mich nicht
belügen."

„Nein! Ich kann es nicht. Drum laß
mich ſchweigen!"

„Aber — wenn du mich liebteſt und
doch mein Weib — noch nicht! — werden

wollteft — weshalb — feit jenem erften
wonneheißen Brautkuß — nicht Ein zärt=
lich Lächeln mehr? Nicht mehr ein kofender
Druck der Hand? Nicht mehr Ein Kuß? Du
liebft — und du umpanzerst dich wie mit
dreifachem Erze? Weshalb?"
   Da zog, von den Mundwinkeln begin=
nend, ein wunderlieblich Lächeln, das fie un=
ausfprechlich verschönte, über die fo ftrengen
Lippen und ein leisefter Anflug von schalk=
haftem Scherz über das herrliche Antlitz:
„Weshalb? Ei, Odhin von Asgardh! Den
Allburchspäher, den Allergrübler rühmen fie
dich —: der Nornen Geheimniffe ergründest
du, die Räthfel in der Götter und der
Menschen Bruft — lange vor ihnen felbft!
— erräthft du: — und in das Herz deiner
eignen Braut vermochteft du n i ch t zu
fchauen? Weshalb? O du thöriger Gott der
Weisheit." — Sie ftreifte mit einer an=
muthvollen Handbewegung, nur im Fluge,
ganz leicht, fein Haar an der Schläfe. —

„Weshalb? O du geliebter Thor! Weil ich wußte: — ließ ich dich mir nahen, — ich konnte dir nicht widerstehen. Wenn meinen Kuß, mußt' ich dir Alles geben. Und das — das will ich nicht! Will ich nicht! Nein — nein — — Ach wehe, wehe mir — das wollte ich nicht." Verzweifelt barg sie das edelgerundete Haupt in beiden lichten Händen.

„Und warum? Warum? Ich flehe dich an! Warum dies Widersinnige, dies Wider= Weibliche?"

Er warf sich vor ihr auf die Kniee und suchte ihr die festgefügten Finger von dem Antlitz hinweg zu ziehen.

Da löste sie plötzlich selbst von ihren Augen die Hände, streckte sie, allzärtlich, gegen ihn aus und faßte mit beiden Händen seine wetterbraunen Wangen und sah ihm tief und wehevoll in die Augen und sprach mit unendlicher Innigkeit:

„Warum? Weil, weil ich dich liebe

— über alle Maßen! Mehr, ach! tausend-
mal mehr als mich selbst und als Alles in
allen Welten! — Mehr als jemals Weib
Mann geliebt."

„Und darum . . .?"

„Ja, darum! — Und darum, weil du
so herrlich bist! Der Herrlichste, das Herrlichste der Welt. Weil du die Welt bist —
Frigga's Welt! O du mein Alles!"

„Erst wann du mein wardst, werd ich'
herrlich sein."

„Oh nein," rief sie da laut, in Ver-
zweiflung ausbrechend. Sie streckte die beiden wunderschönen Arme gerade vor sich hin
und rang die ineinander geschlungenen Hände
und schlug sie dann, sich plötzlich zurück-
werfend, zusammen ob dem Haupt. „Wenn
ich dein werde, — dann wirst du unter-
gehen.

Denn vernimm, oh Geliebter!

Nachdem der Götter Rathschluß mich dir
verlobt — es ist noch jetzt mein Stolz und

tief geheime Wonne" — und mitten im
tiefsten Weh lächelte sie wunderhold — „daß
kein athmend Wesen, daß auch du, Kluger,
es nicht geahnt, wie über alle Maßen ich
dich lang vorher geliebt — geliebt — ach!
seit ich zuerst den untergehenden Blick, —
nein: die versinkende Seele — verlor in
deinen unergründlichen Augen! — Niemand
hat es gemerkt, daß der Götter Befehl ja
nur meines eignen Herzens geheimstes, mäch=
tigstes Sehnen erfüllen wollte! — In der
Nacht nach unsrem Verlöbniß, — nachdem
dein Einer, dein Alles entflammender Kuß
mir bis tief in den Quellgrund der Seele
geglüht war! — in der Nacht vergrub ich
in die weichen, weißen Felle meines Lagers
das Haupt und hauchte selig vor mich hin:
„Er — der Herrlichste — wird mein!"

„Da — da" — sie stockte, erschauernd.
„da standen plötzlich — ich merkte es, weil
sie zwischen mein Lager und der Wand=
Ampel fahlen Schein getreten waren — da

standen vor mir die furchtbaren drei Schwe=
stern, die Nornen."

„Ungerufen?" sprach Odhin, erbleichend.
„Das bedeutet tödtliches Unheil!"

„Ja, das hat es bedeutet! — Denn
schauerlich, langsam gegen mich heranschrei=
tend, mit den drei erhobenen Zeigefingern
ihrer drei Rechten mich bedräuend, sprachen
sie im Dreiklang der Stimmen, eintönig,
dumpf:

„Wehe dir, wonnige Frigg,
    Wird dich Odhin umarmen!
Wehe dir, Odhin, wird
    Frigg deine Frau!
Weh dann über die Welt!
Denn eher nicht nahet,
    — Doch dann unabwendbar —
Bis Odhin Frigga's Gürtel gelöst hat,
    Odhin das Ende:
Das Ende auch
    Frigga, der freudigen Frau,
Und allen Asen von Asgardh
    Und allen Wesen in allen Welten!"

Ich erbebte — sie aber fuhren fort:

„Und aber auch auf das Andere achte:
Nur wann dich, Edle, Odhin
Zum Weibe gewann,
Nur dann gedeihet,
Nur dann wird wirklich,
Was an Wonnen der Welt mag werden.
Nur aus euer Beider Bunde,
Aus eurem Blute nur blüht
Das glänzendste Glück,
Euch Seligen selbst
Und Allem, was athmet.“

Und als die Furchtbaren verschwunden
waren und ich, zitternd vor haarsträubendem
Grauen, auf die Stelle hinstarrte — da —
oh Entsetzen! sah ich ein furchtbar Gesicht.
Himmel und Erde und alle Welten ein einzig
unabsehbar Schlachtfeld: — Feuer und Rauch-
qualm weit über das All: — Riesen und
Ungeheuer in nie geahnter Zahl! — Todt
lag dir zur Rechten der tapfre Thor, der
treue! — Todt lag dir zur Linken mit zer-
sprungenem Siegesschwert Thr! — Todt
hinter deinen Fersen, mit zerspelltem Son-
nenspeer, lag Freir! — Todt rings, rings

um dich her die Einheriar und erschlagen,
ach! auch deiner geliebten Walküren waffen=
frohe Schar! — Ich selbst, vom gift'gen
Qualm erstickend, sank sterbend aus deinem
Schildarm. — Und du — oh das, das
ist das Aergste! — auch du verschwandest in
eines grauenhaften Unthiers Rachen. — Da
fuhr ich, laut schreiend, auf aus den Decken
und gelobte mir selber — und dir: Nie,
nie werd' ich sein Weib: — sonst muß er
untergehn."

Erschöpft glitt sie zurück auf die Hallen=
bank. —

Der Gott zuckte zusammen —: kaum
merkbar, aber er zuckte. Und eine düstre
Schattenwolke flog über die stolze, kampf=
und trotzgewohnte Stirn.

„Untergehn! — Ich! — Auch ich? —
Also war doch etwas daran! — Ahnungen,
— Träume, — Geflüster der fallenden
Blätter im Spätherbst — ein halb verstand=
ner Vogelruf auf öder Heide: — lang haben

sie mir dergleichen dunkel angekündet. —
Ich hab's bekämpft — hinweg getrotzt —
hinweg gelacht — nicht geglaubt — nicht
glauben wollen —: bis jetzt. Jetzt aber:
— glaub' ich's. Ja ich fühl's — ich weiß
es! — seit deinem markdurchschütternden
Schrei: ich werde untergehn — Und ach!
du mit mir."

Er schwieg, in sich gekehrt, sinnend,
brütend. —

Weit riß die Braut die hellen, runden,
blauen Augen auf: sie hing ängstlich, jede
Miene überwachend, an dem gewaltigen
Antlitz, über welches ein ganzes Sturmge=
witter von Gedanken hinzog.

Erwartungsvoll harrte sie — gespannt
— todesbang. Endlich brach ihr die stumme
Qual in dem schrillen Schrei hervor:

„Siehst du, Odhin! Siehst du nun!
Du selber weichst zurück! Du schwankst!"

„Nein, Geliebte," rief er laut, mit dröh=
nender, mit machtvoller Stimme — und sie

klang jetzt feinem hallenden Schlachtruf ver=
gleichbar — „ich schwanke nicht. Glück auf
zum Untergang und heil uns zum Ver=
berben!"

Er richtete sich hoch auf.

„Daß mir alles was Glück ist, nur in
dir — in deinem Leib und deiner Seele
— blüht, — nicht erst die Norne braucht
mir das zu melden! — Allein mit verständ=
nißvoller Freude vernahm ich's und begeistert
glaub' ich's: unsere Umarmung erst erschließt
die höchste Wonne der Welt. Erst wann
Odhin und Frigg Ein Wesen geworden, —
dann erst erfprießt für Alles, was athmet,
was an Heil ihm werden kann. Und mag's
dann untergehn, untergehn müffen: — —
beffer, daß die Welt ihre schönste Vollblust
entfaltet und blühen läßt, so lang sie darf,
— als daß die Welt ewig währe, aber ewig
nur ein Halb=Leben lebe, das Höchste, was
sie aus sich gestalten könnte, nie gestaltet!
Mir aber — und auch dir, so hoff' ich

— taucht — für uns beide! — gar kein
Schwanken auf. Lieber an deiner Brust ge=
ruht — ach und wär' es nur ein einzig
mal! — dein ganzes Wesen in mich einge=
schlürft — ach und wär' es nur ein einzig
mal! — und dann — zusammen! —
untergehn, als ewig leben, aber dein ent=
behren. Nein! Selige Liebe und seliger Tod!
Oh Frigga, Geliebte: kannst du das ver=
stehn? Willst du wählen wie ich? Du
mußt —‚ du mußt! Denn du bist ich selbst
— nur ohne meine Fehler! — bist von Odhins
eigenster Eigenart. Ja, ich seh es an dem
Aufleuchten deiner so strenge gehüteten Au=
gen: du wählst wie ich: du rufst gleich
mir — —"

„Glück auf zum Untergang und Heil uns
zum Verderben! Dein will ich sein. Dein
muß ich sein. Dein bin ich. Nimm mich
hin!"

Und die keusche Göttin sprang stür=
misch auf von ihrem Sitz und warf ihm um

den breiten Nacken leidenschaftlich die weißen, die vollen Arme und küßte ihn heiß auf den Mund.

Und Stille ward um die beiden her, Stille und Seligkeit. — — —

Drittes Buch.

I.

Nach geraumer Zeit machte sich die Braut aus seinen starken Armen los, trat zurück und sprach ruhig, mild, freundlich:

„Und — Bidhja? Längst kenn' ich sie: — das fromme Kind — was wird mit ihr?"

„Ich vergaß, daß sie lebt," rief er, mit der linken Hand leicht über die Schläfe fahrend. — „Geduld, Geliebte. Du sollst zufrieden sein! — Und sie auch. — Und Er! — Wir Alle!" —

Und noch einen raschen, glühenden Kuß auf die nicht mehr spröden Lippen, — er griff nach Mantel und Hut und brausend,

rascher als der stoßende Adler fliegt, schoß
der Gott durch dichtes Gewölk hernieder zur
Erde. —

Ein feiner, weißer Nebel spann in der
Luft über dem ganzen Thale des Fjordes,
den Herabsausenden verhüllend. —
Bibhja saß auf den Stufen vor der Thür
ihrer Hütte; sie schlang, mit kleinen Stichen
nähend, hellrothe Wollfäden zur Zier in das
weiße Wolltuch, die Wunschgabe des zau=
bernden Gastes. Das Kind lag neben ihr
in einem alten durchlöcherten Linden=Schild
Aswins; es schlief. —
Manchmal stockte der Aemsigen die Nadel
mitten im Durchziehen: die Hand sank leis
auf ihr Knie und sie blickte, verträumt,
gerade vor sich hin; oder auch wohl empor,
gen Himmel, in der Richtung, in welcher
sie jenen Wolken=Mann zuletzt erschaut hatte.
Endlich seufzte sie: „Wenn doch Aswin
zurück wäre! — Oder der Gast wieder

käme! — Ich meine, Unraſt hat mich noch
nicht verlaſſen, obwohl er ſchied: ich ſehe
ihn immer noch." — Sie ſchaute ſtarr vor
ſich hin. — „Ach, ich kann's gar nicht er=
warten, bis ich Aswin von ihm erzählen
darf!" — Sie nähte nun wieder eifrig fort.

„Manchmal iſt mir, ich habe den ganzen
Beſuch nur geträumt. Aber da!" — ſie
ſtrich zärtlich mit allen zehn Fingern über
das weiche Tuch — „da greif' ich ja mit
Händen das Wahrzeichen: — ſein liebes
Geſchenk! — Und er kommt wieder: — Er
wird mich ſelbſt die letzte Bitte lehren! Er
hat's geſagt. — Und er hält Wort."

„Immer," ſprach da eine gedämpfte
Stimme aus dem wogenden, ſlirrenden Nebel
heraus, und vor ihr ſtand urplötzlich der
Wanderer.

„Du! — O Freude! Faſt zwar hätteſt
du mich ein wenig erſchreckt! Aber doch —
wie froh bin ich, dich zu ſehen! — — Ich
dachte gerade an dich — —. Eigentlich

immer — all die Zeit — ... seit du fort
bist. — Aber — du blickst so ernst! Nicht
— wie gestern Einmal! — zornig, bedräuend.
Milde schaust du, aber so — wie mitleidig:
mit mir? Oder selbst trauernd? Hat dich
ein Leid getroffen, armer Unrast?"

„Nicht mich. Mir ward Wonne. Und
nicht „Unrast" mehr heiß ich. Keine Lippe
soll mich mehr so nennen!"

„Wie aber heißest du jetzt?"

„Glücklich" heiß ich: bald werd ich
„Selig" heißen! — Du aber nenne mich:
„Freund"! Denn Freundschaft führt
mich her. Ich versprach dir in jeder Noth
Schutz, Hilfe. Du brauchst sie jetzt. Bereite
dich auf bittern Schmerz. Aber verzage nicht:
denn aus tiefstem Leid trägt, starken Armes,
dich dein Freund empor. — Dein Mann
— Aswin —"

„Er ist noch nicht zurück. — Bald muß
er nun sichtbar werden, wann der Nebel
fiel, dort, hoch oben auf dem Felsenpfad

des Steiljochs. — Warte hier, bis er kommt."

„Nein. Denn — fasse dich! — er kommt nicht mehr hierher zurück."

„Nicht mehr hierher? Wie? Nicht zu mir? Was hält ihn ab? Wo ist er?"

„In Walhall."

Da sank die kindlich zarte Gestalt nach rückwärts, lautlos, ohne Schrei, ohne Wort, ohne Seufzer sogar, der Blume im Grase vergleichbar, welche ein Hagelkorn auf Einen Schlag daniederstreckt.

Köpflein und Nacken glitten an die nächst höhere Stufe, aus der schlaffen Hand fiel die Nadel zu Boden.

„Armes Kind," sprach mitleidsvoll der Gott. „Nein, nicht elend: — glücklich will ich dich machen."

Und er fuhr mit dem rechten Zipfel des langfaltigen Mantels dicht oberhalb des Antlitzes der Ohnmächtigen hin: der Luft=hauch weckte sie sofort.

Mit großen Augen — thränenlosen —
starrte sie ihn an: sie öffnete halb den
Mund: er bebte ein wenig vor Weh.

„Sei getrost! Gleich sollst du bei ihm
sein! Und mit ihm leben, ungetrennt, so
lange Walhall aufrecht steht auf seinen goldnen Pfeilern. Sprich nach die Worte, die
ich dir vorsage."

„Oh güt'ger Freund!"

Es war Alles, was sie hervorbringen konnte.

Er aber hob feierlich die rechte Hand
und sprach ihr langsam vor:

„Dieses als Drittes
Erbittet sich Bidhja:
Nicht, nach der Weiber wehvollen Weise,
    Nach Hel hinunter
Freudlos zu fallen,
    Sondern selig,
Immer von Aswin ungeschieden,
Mit dem kleinen Kinde
Oben in Asgardhs
Wonnen zu wohnen,
    Als Frigga's Freundin,
In Demuth ihr dienend." —

Nur ganz leise vermochte die von seligem
Schrecken Gebannte die Worte zu wieder=
holen.

„Gut. Es geschieht," sprach er, die Hand
senkend. „Nun aber geb' ich dem schlum=
mernden Kinde hier den versprochenen Na=
men. Sieh, es lächelt im Traume! Ja, ja,
das Beste verleihen die Götter den Sterb=
lichen in schuldlosem Schlafe! „Fulla"
soll sie heißen, die Kleine: groß, schön, üppig
soll sie werden und Fülle der Freude, Fülle
des Lebens, Fülle von allem Guten soll
selber sie haben und Andern spenden.

Jedoch der Pathe schuldet auch der
Mutter des Pathkinds ein Geschenk.

So nimm es hin, du reinstes Herz, das
je in Menschenbrust gepocht. Bibhja heißest
du? „Die Bitte!" Wohlan: dem reinen,
sanften Weib, das bittet, wird gewährt!
Nicht Gott, nicht Mensch, kann deiner
Bitte widerstehen, wenn du so bittest — so,
wie du gestern mich gebeten, „gut zu sein".

Das aber werde deine Verrichtung in As=
gardh: der Bittenden Fürsprecherin zu sein.
Du sollst alle Bitten, welche an Odhin
oder Frigg gerichtet werden, — wenn dein
reines Herz sie gut heißt — zu Odhin und
Frigga tragen. Und das schenk' ich dir als
Pathe deines Kindes, daß alle Wesen dir
alle Bitten gewähren müssen, welche nicht
das Schicksal verwehrt! —

Nun auf! Nimm dein Kind auf den
Arm! Aber halt es fest, — das rath' ich,
— sehr fest! Und schließe die Augen, daß
nicht Schwindel dich faßt. Denn hoch geht's
hinauf! Und gar rasch reist er durch die
Lüfte, der dein Freund ward: Odhin von
Asgardh."

Er legte ihr das ruhig schlafende Kind
dicht an den Busen, schlug mit dem linken
Arm den dunkeln, den langfaltigen Mantel
mit gewaltigem Griff um Mutter und Kind,
winkte mit der erhobenen Rechten nach oben
und, die Erde mit dem Ballen des linken

Fußes hinter sich abstoßend, das rechte Knie,
leicht gebogen, erhebend, fuhr er sausend mit
ihr durch den wallenden, rings scheu aus=
weichenden Nebel in die Höhe.

Bald war die Nebelschicht überflogen und
im hellsten Lichte der Sonne glänzte von
oben her ihnen grüßend entgegen Asgardhs
goldgetäfelter Burgwall. —

II.

Nun stand Odhin mit der sprachlos Stau=
nenden in Friggs Halle. Vor der schönheit=
strahlenden Göttin sank die Sterbliche ins
Knie, die Augen wie geblendet nieder=
schlagend.

„Oh wie schön!" hauchte sie, das dunkle
Köpfchen senkend.

Leicht erröthend über diese aufrichtige
Huldigung löste die blonde Göttin, die hohe
Gestalt gütig neigend, der Mutter sanft das
schlummernde Kind aus dem Arm, drückte
es einmal — hiebei viel stärker erröthend
und das edle Antlitz schämig von Odhin ab=
kehrend — an den eignen stolzen Busen und
legte es dann, ihm leise beschwichtigend zu=

wispernd — denn es regte sich nun — gar behutsam in einen Korb voll hochgehäuften, feinsten, weichsten Flachses. —

Gleich stand sie wieder bei der immer noch Knieenden, richtete ihr zuerst das in Bestürzung gesenkte Gesicht in die Höhe und hob sie dann mit sanfter Gewalt vom Estrich auf.

„Komm, Schwesterlein! Wir meinen's gut mit dir."

Aber immer noch sprachlos schmiegte sich die junge Frau an den Gürtel der Göttin; die strich ihr —, ermuthigend, über das schlichte braune Haar.

In kurzen Worten theilte Odhin der Braut mit, welche Verwendung in Asgardh er der Zagenden zugedacht.

Frigga nickte zustimmend und sprach:

„Wohl! Was immer und irgend
    Bidhja bittend begehrt,
Inbrünstig und aus allem Ernste,
    — Versagte nicht solches das Schicksal —

Dahn, Frigga's Ja.   9

Das müssen ihr Menschen
Und alle Wesen willig
Und gern auch die gütigen
Götter gewähren."

„So tritt dein Amt gleich an," sprach
Odhin, „und versuche sofort die neue Be=
gabung. Bitte, daß du mein nie mehr ge=
denkest."

Da erschrak die Kleine, sie zögerte; schmerz=
erfüllt schlug sie die großen Augen auf: aber
nicht zu ihm, der vor ihr stand — zu seiner
Braut; angstvoll, hilfesuchend, sah sie empor.

„Ach nein, Herrin! — Wenn ich darf,
— das möchte ich nicht bitten!"

„Und weshalb wohl nicht?" lächelte
Frigg.

„Ich denke sein so gern! Es wird mir
dann so weit in der Seele! Ich athme dann
so groß und tief. Wie er — Er! — mein
Gast war — meines armen Herdes! Ich will
das nie vergessen."

Da trat Odhin einen Schritt vor und

sprach ruhig, ihr die Hand auf die Schulter
legend: „So bitte, daß du meiner nur in
Freundschaft gedenkest: ganz so, wie ich
deiner gedenke."

„Ja, war das jemals denn anders? Ich
habe nie in Feindschaft —, hast du je=
mals in Zorn an mich gedacht?"

„Kind, frage nicht! Thu' wie ich dir
rathe!"

Da schritt die Schüchterne dicht an ihn
heran, schlug seinen Mantel zurück, legte,
wie damals vor ihrer Hütte, die offne flache
Rechte auf seine linke Brust und sprach, die
Augen demuthvoll zu ihm erhebend:

„So bitt' ich und bete, daß wir beide
aneinander nur in Freundschaft gedenken."

Unverändert, — ganz wie zuvor, —
blieben nach diesen Worten des Gottes ernste
Züge; väterlich ruhte sein Auge auf ihr. —

Aber Bidhja's Antlitz wandelte sich jäh.

Die gespannte Erregung sank. Der un=
bestimmte Schmerz, die Unruhe endete. Die

halb wehmüthige, halb glückliche Verträumt=
heit verflog. Der verschleierte Blick ihres
Auges ward hell, ward nüchtern. Sie schritt
rasch auf den Flachskorb zu, in welchem
Fulla schlummerte, hob sie auf den Arm
und rief lebhaft: „Aswin! Wo ist Er all
diese lange Zeit? Aswin, mein lieber Mann!
Ich will ja doch lange schon zu Ihm! Darf
ich denn nicht?" fügte sie ungeduldig bei.

„Du sollst sogar," sprach Odhin, mit
der Hand deutend. „Dort hinaus! — Vor
der Thüre — rechts — wird dir Lofn,
meiner Braut Gürtelmagd, den Weg nach
Walhall weisen, wo Aswin unter den Ein=
heriar weilt. Grüß ihn von mir, für den er,
tapfer kämpfend, sieghaft fiel. Sag' ihm —:
Odhin schickt ihm Weib und Kind." —

Mit kurzem, dankbarem Kopfnicken ver=
schwand die Glückliche: vollbeschäftigt, ihr nun
erwachend Kind zu schweigen. „Still, Fulla,
Liebling," mahnte sie, „es geht zum Vater."

III.

Nun sie allein waren, trat Odhin auf die
Geliebte zu, langsam, nicht mehr in Be=
wegung und Blick mit der wilden zornigen
Gluth des Verschmähten: nein, still, befriedet,
im seligen Bewußtsein des für ewig ge=
sicherten Besitzes ihrer Seele. — — —

Unendlich liebesinnig schaute er mit den
geheimnißdunkeln Augen auf das wunder=
schöne Weib, in ihre himmelsklaren Augen,
neigte dann ein wenig das hohe Haupt und
legte es, mit der Linken nur ganz zart sie
umschlingend, sanft auf ihre rechte Schulter
nieder.

„Oh Geliebte — bald mein Weib —
laß mich einen Augenblick in stillem, un=

aussagbarem Glück an deiner Brust diese
kampfgefurchte Stirn, dies gedankenschwere
Haupt verruhen. Oh welches Glück, welch
friedlich, stätes Glück ist dies Vertraun der
Liebe! Hier — hier endlich — hier allein find'
ich die Stätte, wo ich sicher ruhen mag.

Denn ach! einsam ist Odhin! —

Hasser hab ich in hellen Haufen — und
ganze Nebelgeniste von Neidern: — mich
freut der Feinde Vielheit: in die Winde
verweh' ich sie lachend. —

Allein das war doch tief, sehr tief traurig,
daß auch von denen, die mich lieben, die
mich ehren wollen, nicht Eine voll mich
verstand, nicht Einer es ahnte, wie im
tiefsten Kern des Wesens mir — bei all
der feuerstürmigen Wildheit meiner Kraft!
— nur eitel Güte wohnt. Allüberwältigende,
allüberwindende Güte, mich selbst fortrei=
ßende, thörig weiche Rührung des Herzens,
der Wunsch, allüberall hin überschwänglich
Glück zu verstreuen, jede Thräne zu hemmen,

bevor sie niedergleiten kann; — daß nie=
mand es ahnte, wie gütig ich sein möchte:
— das schmerzte doch bitter, Geliebte!

Wohl lachte ich dann erst recht laut —
vor den Andern! — und Scherzwort auf
Scherzwort schnellte ich, wie Pfeile, vom
Mund. — Aber die Lippe zuckte dabei und
es zuckte vor verhaltenem Weh mir das Herz;
glaub es nur: mein Lächeln war meist
schmerz=erkauft. Denn öde war mir das All:
ach, ich hatte nicht Einen Vertrauten.

Nun aber du mich liebst, — oh nun ist
Alles gut! Wie eitel Gold nun leuchtet mir
die Welt! — Nun bin ich nicht mehr einsam:
— ich habe ja dich! Und vor deinen lieben
klaren, klugen Augen will ich so gern auf=
decken meines tiefsten Wesens letzten Urgrund,
auch alle meine schweren Fehler —"

„Ich hab' sie lieb, die Fehler," lächelte
sie und strich ihm selig über Haar und Bart
und koste diesen Bart zärtlich mit ihrer
weißen, schönen, weichen Hand.

„In dich ergießen will ich all meine stolzesten und meine traurigsten Gedanken. Du — nur du allein! — kannst mich ver= stehn, — ach — viel besser, als ich mich selbst verstehe."

„Ja, das mag vielleicht sein," sagte sie und griff nach seiner speerschaft=vertrauten, harten Rechten, die dem Fange des Adlers glich, und küßte sie demüthig, aber sehr heiß. „Vielleicht! Und weißt du auch, warum? Lieben ist — Verstehen. Und ich liebe dich viel, viel mehr, Odhin, als du dich selbst. Und dich ganz verstehen, ist dich ewig lieben. So — siehst du — nimmt's kein Ende — mit Lieben und Verstehn: — Unendlich beides: — unausdenkbar selig."

Hinsterbend ward ihr Wort zu leisem Hauch. —

Und wieder schwiegen beide — vor eitel Glück und eitel Liebe. —

Und so still ward es und so ruhig stan= den die Beiden, daß die entflohene Taube,

durch die offne Thüre hereinspähend, ganz
zutraulich heranflog und sich girrend und
kopfnickend, auf dem Hochsitz niederließ. —

Endlich begann Odhin, das Haupt von
ihrer Schulter hebend: „Höre, Geliebte!
Noch Ein Wort zu dir allein.
Vor den Göttern allen werd' ich dir
nun bald die Hochzeitsgaben reichen, welche,
hoch gehäuft, in meinem Schatzhaus deines
Jaworts harren — ach, wie lange schon!
— Nicht vor den Andern aber, — unter
uns beiden allein — möcht' ich dir — jetzt
gleich schon! — eine andre Hochzeitsgabe
schenken. Sie ist recht winzig: — wirst du
sie verschmähen?"

„Sie kommt von dir!"

„Es ist nur ein gar klein Ding, ein
sehr unscheinbar Geschmeide! — Doch —
vorher — laß dir noch Andres erzählen.

Du erinnerst dich — ich sing einmal —
vor Jahren schon! — den Schwarz-Elben

ihren bösen, tückischen König weg und hielt ihn in Banden. Da brachten die Wimmeln= den, ihn zu lösen, mir viele Schürzen voll rohen Berggoldes und auch, aus Gold ge= schmiedet, manch zauberkräftig Geräth. Unter all dem hochgeschichteten glanz= leuchtenden Haufen lag auch ein schmales Fingergold. Dieser Ring sollte, wenn leise, mit leisem Wunschwort, gedrückt, das Herz bezwingen jedes Weibes.

„Verschenk' ihn nie," warnten die kun= digen Zottelbärte — „sonst verliert er auf immer seine Kraft, auch wenn du ihn wieder gewännest. Aber ach!" — klagten sie — „vollkommen geräth nicht Geräth auch meisterlichstem Meister. Sogar Thors Ham= mer ist ein wenig mißglückt: zu kurz gedieh uns der Stiel! So auch dieser Ring: — nicht alle Weiber kann er bezwingen.

Wir haben hineingeschmiedet zwei kleine goldne Natterlein: Eitelkeit, die gelbe, und Sinnengier, die rothe. Eitelkeit oder Sinnen=

gier — oder doch beide zusammen! — wer=
fen Jungfrauen und Frauen. Aber Eine
athmet, die werfen sie nicht. Frigga heißt
sie, Flörghns hochgemuthe Tochter. Wohl
weiß auch sie, daß sie schön ist, ja die
Schönste von Allen. Und es freut sie auch,
ganz im Geheimen. Wohl kreiset auch in
ihren durchsichtigen Adern warmes Blut.
Allein in dieser herben Seele thront ein
unbezwingbar spröder Stolz, wie auf dem
höchsten Felsberg ew'ger Schnee. Den wirft
nichts um im Himmel und auf Erden, kein
Zwang, auch nicht stärkster Zauberzwang.
Nicht Sonnengluth von Außen, nur von
Innen heraus mag ihn schmelzen jener
glühende Feuerzauber, der da „Liebe"
heißt. Doch ob Frigga lieben kann? Kein
Weiser weiß es! Und nur Thoren glaubten
es bisher. Gegen Frigga hilft nicht dieser
Ring."

Da hätt' ich ihnen am Liebsten ihren
goldenen Bettel vor die Füße geworfen."

„Und" — forſchte die Göttin, vorwurfs=
voll, aber ſie vermochte nicht, ſo hart zu
ſprechen, als ſie gerne wollte — „du hätteſt
wirklich den Zauber gebraucht — gegen mich
— wider meinen Willen . . . . ?"

Laut, wild, drohend lachte der ſtarke
Gott und die dunkelgrauen Augen funkelten.

„Ha, gewiß! Dich zu gewinnen —
deinen ſüßen Leib und dieſe widerſpänſtige,
unertragbar trotzige Seele — jedes Mittel
war willkommen. Ja" — er trat ihr einen
Schritt näher und ſah ihr mit ſo grimmigem
Verlangen in das Antlitz, daß ſie den Blick
nicht ertrug: „ohne Zauber, mit Gewalt,
mit Mannes=Gewalt, wie eine Speer=Ge=
fangene, hätt' ich längſt die unbräutliche
Braut zu meinem Willen mir hergezwungen,
— machte dich nicht dieſer dein dünner wei=
ßer Leinen=Gürtel da, ſo lang du ihn um
die jungfräulichen Hüften geſchlungen trägſt,
unüberwindlich jedem Mannesarm. Ah, wie
ich ihn haſſe, wie kein Ding ſonſt, dieſen

Linnenstreifen, dies verfluchte schmale Heilig=
thum." —

Sie wollte ihm einen strafenden Blick
zuwerfen. Aber das mißlang.

Sowie sie auf sein Auge traf, schlug sie,
leis erbebend, das ihrige nieder und flam=
mende Lohe flog ihr über das weiße Antlitz
bis unter das in kurzen Wellen gebrochene
Haar ober der Stirne. Sie wollte zürnen:
sie konnte nicht: sie war in süßen Schauern
entzückt im tiefsten Kern ihres Lebens: denn
ein Weib war auch sie. — —

„Diesen Ring nun — den Liebesring
— ich bitte dich: laß mich dir ihn — als
erste Hochzeitsgabe — schenken. Und ver=
nimm" — fuhr er leiser fort — „was nie=
mand weiß und ahnt: — ich darf ihn dir
stecken an deine reine Hand, diesen bösen
Reif! — denn auch er ist rein: ich habe
seinen Zauber nie benützt: es hat mir immer
widerstrebt."

„Odhin," hauchte sie und barg das edel=

gewölbte Haupt zärtlich an seiner breiten
Brust, das Gesicht in seinem Barte ver=
grabend, „der Edlen Edelster du, mein
Odhin: du bist groß.“

„Groß ist nur meine Liebe,“ flüsterte er
in das feingerundete Ohr. Er streifte nun
den Ring, der hartnäckig widerstrebte —
fest und scharf sich einbohrend in das Fleisch,
wie ein lebendig Gewürm — vom vierten
Finger der rechten Hand und steckte ihn an
den entsprechenden Finger der Braut vor
den Verlobungsring, den sie hier trug.

Und sie suchte eifrig seinen Mund und
küßte ihn glühend — es war der erste Kuß,
den sie nicht empfing, den sie gab. —

„Und wann — wann ist die Hochzeit,
Frigga?“ fragte er hastig. „Morgen?“

„Nein, du Vielkluger!“ lächelte sie und
sah ihn holdselig an und schüttelte ein klein
wenig schelmisch das blonde Haupt.

„Uebermorgen erst?“ trauerte er.

„Nein, du Heißgeliebter! Heute! In

dieſer Stunde! Jetzt! Gleich! — Raſch,
ſtoß in dein hallend Horn! Ruf' alle Götter,
alle Göttinnen herbei! Thor mit dem Ham=
mer, zum Weib mich zu weihen! Raſch!
Einmal entſchlummern dürfen — hier! —
das Haupt auf deiner Bruſt! Ah, Odhin!"
— das hauchte ſie, kaum vernehmbar, ſüß
erſchauernd an ſeine Wange ſich ſchmiegend,
— „ich vergehe ja vor Sehnſucht, dein zu
ſein!" —

IV.

Laut schmetternd, wie noch nie zuvor, hatte von Fenfals Hochschwelle aus das treue Horn durch die weiten Himmel gehallt: es ward sein letzter Dienst: es zersprang bei des sieg= frohlockenden Gottes gewaltigem Athem! —

Heran stürmten alle Götter und Göttinnen, aufgeschreckt, als seien die Riesen eingedrun= gen in Asgardh.

Allen vorauf sprang herbei Thor, den mächtigen Hammer schwingend. Aber er hatte damit nur — auf Odhins Begehr — des bräutlichen Weibes weiße Stirn und Haar zu berühren.

Und staunten da Alle höchlich und freu= ten sich gar sehr. Denn längst hatten sie die

Vermählung gewünscht und oft und laut und heftig gescholten auf die eisige Frigg. —
Und Bidhja bat, — und wahrlich nicht vergeblich! — zusammen mit Lofn schmücken zu dürfen die wunderbar erstrahlende Braut. Unter dem weißen Schleier von feinstem, durchsichtigem Linnen hervor leuchtete auf dem stolzen Busen das Halsgeschmeid, das da der Anmuth niemals weichenden, immer jungfräulichen Zauber leiht.

Und alle Göttinnen sagten, so schön hätten sie Frigga nie gesehen und nie ge= glaubt, weil niemals noch diese strengen Züge so von Wärme, von geheim durch= glühender, stolzer Freude belebt gewesen waren. Und alle Göttinnen sprachen ihren Heil=Wunsch der Braut; auch Freia; aber bei dem letzten Worte wischte diese — un= gesehen — mit ihrem rothen Haar rasch über die feuchten Augen hin. —

———

Und vor Fenſals Eingangsſtufen, auf dem immer grünenden Raſen, ward das Brautzelt aufgeſchlagen; es ward geſchmückt mit allen Kleinoden von Asgardh und mit allen Blumen der Erde.

Aber Odhin, nachdem er all die Pracht gemuſtert, ergriff ſchweigend ſeinen Speer und ſtieß oben in den Spitzgiebel des Linnen= daches ein Loch, ſo daß ein Stern, ein wun= derbar ſchöner, gerade auf das bräutliche Lager ſah. — —

Gar bald zog er — kaum war es däm= merdunkel geworden — an der Hand die Geliebte von dem lärmenden Feſtmahle hinweg.

Sie folgte, leis erbebend, aber ohne Widerſtand, ja raſch dahinſchreitend.

Und Thor mit dem Donnerhammer hielt die Brautwacht zwanzig Schritte weit von dem Zelt gen Aufgang; und Freir mit dem Sonnen=Speer hielt die Brautwacht zwanzig Schritte weit von dem Zelt gen Mittag;

und Thr mit dem Siegesschwert hielt die
Brautwacht zwanzig Schritte weit von dem
Zelt gen Niedergang; und Ullr mit Bogen
und Pfeil hielt die Brautwacht zwanzig
Schritte weit von dem Zelt gen Mitternacht,
auf daß kein Späher, kein Lauscher, ja kein
leisester Laut störe der Vermählten heilig
geheime Wonnen. — — —

Und in dieser Nacht ward gezeugt ein
Knabe; dem haben bei der Namenweihe die
Nornen den Namen „Baldur" gegeben,
er ward die Wonne der Welt. —